# 高校内部审计理论与创新实践研究

张莉萍　著

天津出版传媒集团

天津科学技术出版社

**图书在版编目（CIP）数据**

高校内部审计理论与创新实践研究 / 张莉萍著. --
天津：天津科学技术出版社，2023.3
ISBN 978-7-5742-0831-5

Ⅰ.①高… Ⅱ.①张… Ⅲ.①高等学校 – 内部审计 –
研究 – 中国 Ⅳ.①F239.66

中国国家版本馆CIP数据核字(2023)第022807号

---

高校内部审计理论与创新实践研究
GAOXIAO NEIBU SHENJI LILUN YU CHUANGXIN
SHIJIAN YANJIU

责任编辑：张　萍
责任印制：兰　毅

出　　版：天津出版传媒集团
　　　　　天津科学技术出版社
地　　址：天津市西康路35号
邮　　编：300051
电　　话：（022）23332490
网　　址：www.tjkjcbs.com.cn
发　　行：新华书店经销
印　　刷：定州启航印刷有限公司

---

开本 710×1000　1/16　印张 13.75　字数 230 000
2023年3月第1版第1次印刷
定价：78.00元

# 前　言

　　高校承载着推动国家高等教育发展的历史使命，高质量的高等教育为国家和社会提供高质量的人才资源，高校的治理水平反映了高等教育的质量。内部审计是高校治理体系的重要组成部分。高校内部审计发展史可以说是一部风险防范历史。从以前到现在，高校内部审计的目标定位和职能范围等发生了极大变化。产生相关变化的根本原因在于，高校内外部环境的变化使得社会以及高校内部人员对责任和风险的认知发生了变化。

　　与此同时，高校对内部审计职责的需求也从单一的合规审计转向为高校综合治理提供助力。随着高校风险种类和范围的扩展，内部审计人员的责任也在相应地扩展。内部审计机构不仅要关注各项具体经济事务的合规性，而且要关注相关责任人执行政策、履行受托责任的有效性；不仅要关注已经发生的事项，而且要关注事前的风险防控。显然，高校内部审计在高校治理过程中具有十分重要的作用和地位。

　　基于此，作者特撰写了《高校内部审计理论与创新实践研究》一书。本书拓宽了内部审计管理研究的视野，丰富了内部审计管理实务。本书凝聚了内部审计理论学者和实践者的思想智慧与体验颖悟。对于高校审计师、审计委员会成员以及其他相关人士来说，《高校内部审计理论与创新实践研究》是一本可读性非常强的专业辅导材料。

　　《高校内部审计理论与创新实践研究》在思想内容、逻辑结构和写作方法等方面均有自己的特色，是一部多方位、多视角、多层次研究高校审计的学术著作。其内容除前言和后记外，共分成 7 章。首先，论述了高校内部审计基本理论、起源发展、职能作用以及方式和程序；其次，分别从高校财务收支审计、预算执行和决算审计、高校绩效审计、高校基建和修缮工程项目审计、高校领导干部经济责任审计、专项资金审计

1

等角度对高校内部审计工作的有效开展进行了阐述；最后，论述了在信息化时代背景下应如何对高校内部审计工作进行信息化建设。

  本书在撰写的过程中，借鉴了大量的材料收集，并在保证本书内容生动、丰富的基础上，对其进行了合理化分析及层层探讨。希望本书能给予读者一定的帮助。

  最后要感谢在此书出版期间所有帮助、鼓励过作者的人，在此致谢！

# 目　录

# 第一章　高校内部审计概述

## 第一节　高校内部审计的基本理论

高校内部审计是内部审计的一个分支，是内部审计活动在高等教育领域的延伸，是高校内部控制的一个重要组成部分，是高校内部的管理活动，是高校管理权的延伸。随着高校经费投入大幅增加，高校内部审计对用好教育资金，以及提高高校行政管理效率，都起到了非常重要的作用。本节拟对高校内部审计基本理论，包括基本概念、机构设置、相关法律规、内审队伍、审计基本任务等问题进行探讨，加深对高校内部审计的认识。

### 一、高校内部审计的概念

我国的高校内部审计起步于 1985 年，是内部审计的一个分支。2009年 9 月 1 日施行的《内部审计实务指南第 4 号——高校内部审计》第一章总则第二条规定："本指南所称高校内部审计，是指高校内部审计机构和人员通过对学校与资源利用有关的业务活动及其内部控制的适当性、合法性和有效性的审查，并进行确认、评价、咨询，旨在促进完善管理控制、防范风险、创造效益，从而促进学校事业目标的实现。"教育系统内部审计是我国审计体系的组成部分，直接由本单位、本部门的主要行政负责人负责，对本单位、本部门以及所属单位一切经济活动涉及的财务收支进行内部审计监督。高校需依托国家的各项政策及相关法律法规，还有上级部门、本单位以及本部门的管理制度与各项规章，在上级主管内部审计机构与国家审计机构的监督与指导下，独立行使内部审计监督权。如今，几乎全部高校都已经在相关要求下设立了单独的内部审计机构，同时部分高校采取了财务、监察、纪委部门及审计处（室）合署办公的机构设置形式。从规定上来看，高校内部审计部门具有独立性、权威性、监督性，且其审计监督权的实行应限制在国家授权的范围内，以国家制度、政策、法令、规章为基准。

高校内部审计对被审计单位的经济活动进行监察和督察，使之在规定范围内正常运行。高校内部审计工作涉及高校的教学、科研和行政管理各方面，具体实施内部经济监督、评价活动。整个学校的经济运转主要包括对各种固定资产的应用和管理、修缮工程项目、基建、经济责任、预算决算、内控制度评审、对外投资、领导干部任期经济责任审计等多个方面。教育部于 2020 年 3 月 20 日推出了《教育系统内部审计工作规定》，这项规定重新定位了教育系统内部审计，并强调学校审计应基于合法性、真实性、效益性对所属单位和学校的财务收支等各项经济活动进行内部监督，服务于学校的发展和教育改革，强化其内部管理，维护其合法利益，同时监督其遵守国家财经法纪，加大教育投入，加强廉政建设，合理、充分地使用教育资金，创造更高的使用效益。可见教育系统内部审计越来越人性化、规范化，充分体现出了高校内部审计服务与管理高校的职能作用。

## 二、高校内部审计机构的设置

高校内部审计机构是用于监督高校教育系统的部门，具有较高的层次等级。目前，我国主要设有以下几种类型的高校内部审计机构：与监察部门合署办公或附属于监察部门；附属于纪委；单独设立的高校内部审计机构；附属于财务部门或与财务部门合署办公；纪委、监察和审计三个部门合署办公等。以上内部审计机构中，由财务部门领导管理的通常以财务监督为工作重点，隶属于监察部门或者纪委的通常侧重于监督职能，而在高校内部单独设立的审计机构则全面负责审计的鉴证、监督与评价。高校内部审计部门理应单独设立，同时具备与高校财务机构相同的规格。结合中央关于监察机构与纪检机构合署办公的职能精神，在学生数量未超过 1500 人，教职工未超过 300 人的学校，虽仍需要为分管审计工作分配校级行政领导，但应实施纪检监察机构与审计机构合署办公。合署办公必然会对审计工作的正常开展造成影响，甚至会导致高校内部审计人员降低审计工作热情。设置合理、科学、专门的内部审计机构，是实现高校内审职能的重要保障，是顺利开展审计工作的前提。

高校可根据实际需要开展各类型内部审计工作，包括经济责任审计、财务收支审计、维修工程项目审计、预算执行审计、基建以及贷款等。

### 三、高校内部审计有关法律法规

高校内部审计工作以审计法规为执行的准绳，因此法规应具备提升高校内部审计功能的作用，还应紧跟时代与社会的发展，时刻更新完善。目前，我国已针对高校内部审计工作制定了系列法规，其中主要有：《审计署关于内部审计工作的若干规定》（1985年12月）、《审计署关于内部审计工作的规定》（1995年7月，2003年2月）、《中华人民共和国审计法实施条例》（1997年国务院231号令）、《内部审计基本准则》（2003年中国内部审计协会）、《中华人民共和国审计法》（2006年修正）、《内部审计实务指南》（2009年）、《教育系统内部审计工作规定》（1996年颁布24号令,2004年4月教育部发布17号令）、《内部审计实务指南第4号——高校内部审计》（2009年）等。

基于发展的需要，高校内部审计相关法律法规需不断更新调整。在中国特色社会主义现代化建设中，应以社会主义市场经济体制为核心，建立和促进高校教育事业的改革与发展，同时应开展教育审计理论研究。应坚持以法律为尺度，实事求是，体现内部审计客观、公平、透明的基本原则。

### 四、高校内部审计队伍的配置

教育部在2020年对《教育系统内部审计工作规定》做出了修订，要求教育行政单位及部门应严格按照本规定及其他国家相关法律法规，设置独立的内部审计机构，依法实施内部审计制度，配备专门的审计人员，积极开展内部审计工作。2009年，我国推出《内部审计实务指南第4号——高校内部审计》，该文件要求高校内部审计机构应根据建设规模适量配备内部审计人员，将数量控制在教职工总数的2%，同时吸引法律、经济、信息系统、管理、建设工程、法律等方面的专业人员组建素质过硬的内部审计队伍，并要求内部审计人员具备相关职业资格。审计法规定审计人员要做到"廉洁、公正、严谨、奉献"，而建设一支高素质的内部审计队伍对内部审计工作的顺利进行非常关键。

审计工作对专业技术有很高的要求。审计工作人员需要不断了解和学习新法规、新知识和新技能。审计人员应该顺应时代发展的潮流，不断提高自身素质，转变思想观念。高校内部审计部门对队伍建设在职业业务知识以及职业道德上，均有明确的要求。内部审计人员要基于职业谨慎态度和高度的责任感从事审计工作，同时要本着强烈的事业心和责任心高度重视内部审计工作。审计工作具有特殊性，知识层次要求高，所以审计人员就要具备较高专业知识水平和综合分析能力。作为审计人员要不断地认真学习，提升审计质量管理水平，充分发挥内部审计作用。

## 五、高校内部审计的基本任务

2020 年 2 月 25 日教育部第 2 次部务会议审议通过《教育系统内部审计工作规定》，自 2020 年 5 月 1 日起施行，而其指出内部审计机构和审计人员主要对下列事项进行审计：

（1）国家重大政治措施的具体实施落实情况。

（2）年度业务计划、发展规划、重大措施、战略政策的具体执行情况。

（3）财政财务预算与收支的具体管理情况。

（4）固定资产项目投资情况。

（5）内部风险管理与控制情况。

（6）资源、资金以及资产的效益与管理情况。

（7）办学、后勤保障、科研等主要业务活动的效益与管理情况。

（8）管理本单位的领导人员对其经济责任的履行情况。

（9）生态环境保护及自然资源资产管理责任的具体履行情况。

（10）境外经济活动、境外资产以及境外机构的活动情况。

（11）其他本单位及国家相关规定要求办理的事项。

# 第二节　高校内部审计的起源与发展

作为内部审计的一部分，高校内部审计的发展需要与我国内部审计事业基本保持同步。本节结合我国高校的发展，将高校内部审计的发展历程分为三个阶段：即 1985 年至 1997 年的起源萌芽期、1998 年至 2003 年的发展期以及 2004 年至今的摸索期。同时，本节还结合我国高校内部审计发展史，以现有的研究成果为基础，对高校内部审计在当下时代的发展新趋势进行了探讨。

## 一、高校内部审计发展历史沿革

### （一）1985 年至 1997 年的萌芽期

在计划经济①模式下运行的高校内部审计工作，具有非营利性和行政化特点，高校内部审计处在政府的直接控制下。这一时期的高校内部审计只负责审核与检查本单位内部的经营情况和财务收支情况，职能相对单一。

20 世纪 80 年代，我国开始发展现代内部审计事业。1983 年，我国发布了相关文件，要求国营大中型企事业单位配备专门的审计人才，建设内部审计机构，实行内部审计监督。国务院在 1985 年具体明确了内部审计的职权、性质、程序与任务，使内部审计更加规范化。1985 年 1 月 16 日教育部正式成立审计室，高校的内部审计工作开始走向规范化。1987 年，我国成立了内部审计学会，同年，我国成了国际内部审计师协会的一员。

20 世纪 80 年代至 90 年代末的高校内部审计不断开拓创新，紧紧围绕高等教育事业改革和发展，规范内部管理，防范各类风险，加大廉政建设力度，对资金利用效率的提高做出了突出贡献，发挥了重要作用。

---

① 计划经济，或计划经济体制，又称指令型经济，是对生产、资源分配以及产品消费事先进行计划的经济体制。由于几乎所有计划经济体制都依赖于指令性计划，因此计划经济也被称为指令性经济。

但是，由于深受长期计划经济模式的影响，高校内部审计的不足方面比较突出，尤其是存在制度方面的缺陷。随着高校后勤管理、招生、基建越来越市场化，之前制定的内部审计制度越来越难以适应新时代的发展要求，需要有所革新。

### （二）1998 年至 2003 年的发展期

1998 年以来，全国高校持续实施扩招政策，同时随着日益深入的教育体制改革，高校办学从最初的由国家拨款，逐渐发展成了多形式、多渠道筹资，涉及的经济活动较此前更加复杂、频繁，发展出了更多的独立核算单位。我国高等教育从原本的传统精英教育逐步转变为大众教育，大幅提高了入学率，从而也就使各高校增加了大量的配套教学设施，扩大了校舍的建设规模，教学科研条件大大改善，办学规模急剧扩大，高校内部的经济活动日益复杂，随之也带来了一系列的问题。这时，我国高校内部审计面临诸多机遇和挑战，进入到了一个发展与磨合并存的阶段。2003 年，我国审计署通过《审计署关于内部审计工作的规定》，要求内部审计机构的各项审计工作应在权力机构或本单位主要负责人的领导下进行。我国高校内部审计机构工作的开展也应与之对应，要在院校董事会、党委、领导等机构的带领下进行。各院校可由监察、纪检部门领导带领开展内部审计工作，或者由主管财务方面的领导对接审计部门，当然也可由党委、校长直接主管内部审计工作，领导体制直接决定内部审计的地位与权威。一般来说，如果领导加强重视，内部审计组织机构的地位和权威就会相对高一些。

### （三）2004 年至今的探索期

教育部在 1990 年、1996 年两次颁布更新《教育系统内部审计工作规定》，接着又进行了第三次更新，发布第 17 号令《教育系统内部审计工作规定》为新时期高校内部审计提供行动指南。自此，我国高校内部审计工作进入了探索阶段。

受多样化的经济活动的影响，高校内部审计工作进一步扩大范围已成为必然，监督活动也将呈现常态化发展趋势。教育部在 2004 年 4 月 13日对《教育系统内部审计工作规定》做出更新，其中表明，教育系统内部审计机构中的专门审计人员应从效益性、合法性与真实性三个角度对经济活动、财务收支的具体情况进行独立的评价与监督。同时，高校应配备专门的审计人员，设置独立的内部审计机构，遵从学校主要负责人的指挥与带领，开展独立的内部审计工作。

据统计，到了 2004 年，在 17 所直属教育部的高校中，有 35 所高校设置了独立的内部审计机构，有 3 所高校将审计与财务合署办公，与纪检部门合署办公的有 33 所。到了 2008 年，宾瑜与兰艳泽为了了解高校内部审计质量控制情况，对某省 108 所高校进行了问卷调查，调查发现大部分高校虽已设置了具有审计职能的办公室或者审计处（室），但其内审机构并不具备足够的权威性和独立性。2012 年 3 月，西南财经大学的吕先镕和王振青调查并分析了我国政府教育管理部门和以教育部直属高校为主的一些具有代表性的高校当时的内部审计状态与其对待内部审计的态度，了解到有 78% 的高校设置了独立的审计机构，有 22% 的高校与纪检部门合署办公。其中，负责分管审计机构的领导有 51% 为副书记，有 26% 为校长，有 22% 为副校长，还有 1% 为书记；直接由校长和书记领导审计机构的约占 27%，由副校长与副书记分管的约占 73%。由此可见，大部分高校的内部审计机构是单独设置的，还有 22% 与纪检部门合署办公，对高校内部审计机构的独立性以及其职能认识不足。其间有 27% 的审计机构直接受书记或校长领导，可见内部审计机构在高校日益受到重视，而这保证了审计的客观、公正性。高校内部审计工作逐步受到普遍重视，级别不同的分管领导为开展内部审计工作提供的支持不同，对其独立性的影响程度也不同。

一直以来，高校都将监督职能当作内审工作的核心，但通常对事后审计与监督更为重视，只有少数高校开展了风险审计、内部控制评价等工作。在大部分高校看来，财务收支审计才是高校内部审计的重点内容，他们更加关心被审计单位的行为活动是否严格遵循了相关制度与法规，将监督当作重点。高校内部审计机构的作用多侧重于事后的监督检查，而没有介入事前预防与事中控制，没有预防风险，也没有加强管理等，换言之，大多高校内部审计机构只监督和审计自身预决算财务收支与编制，而不对经济活动的策划与实施进行干预，不对经济活动的规划开展作事前审计以及事中审计控制，导致高校成了违法违纪等腐败案件滋生的土壤。

随着我国高等教育的快速发展，扩大办学规模、加大资金投入、提升整体办学实力成了各高校建设的总体目标。新形势下，高校内部审计在维护财经纪律、推进学校内部管理、保证资产安全完整、强化廉政建设、提高资金使用效益等方面的作用日益凸显，且需要对校内部门、单位进行全方位经常性的内部评价监督。

## 二、高校内部审计的发展趋势

审计的基本职能是监督，审计的本质就是国家经济社会运行的免疫系统。随着高校不断扩大自主权，积极拓宽筹资渠道，主动联合金融信贷、社会单位企业等参与建设，再加上国家财力对高校办学方面适当倾斜，使高校获得了强有力的资金支持，高校的办学条件得到了改善。高校内部审计涉及经济利益和学生利益问题，所以要对高校内部审计体系发展方向进行深入分析，探讨怎样使高校内部审计职能更加完善，以保障高校各项事业能够顺利、稳健、有序地发展。

### （一）高校内部审计"免疫系统"论

传统审计普遍使用的是事后审计监督，那只能起到亡羊补牢的作用。

原审计署审计长刘家义①曾多次在重要场合对"国家审计免疫系统"做出强调。他认为，从本质上看，审计作为国家政治制度中的一部分，在国家经济社会运行中扮演了免疫系统的角色，审计不仅是民主法制的产物，而且对民主法制建设具有强大的推动作用。他的观念赋予了国家审计新的内涵，审计不仅能够保障国家经济社会安稳、顺利地运行，而且能有效防范各种潜在的经济风险。

高校内部审计"免疫系统"论的提出，体现了对审计工作的科学定位，及对审计"免疫系统"功能的充分发挥。要前移监督关口，树立预防胜于纠正的良好服务意识，做好事前预防工作。高校办学规模的扩大和经济业务的复杂化，对高校内部审计提出了更高的要求。但在当下，高校内部审计在方式、方法、职能、范围、机构设置等多个方面的"免

---

① 刘家义，男，汉族，1956年8月出生，重庆开县人，西南财经大学财政系财政学专业毕业，在职研究生，经济学博士，高级审计师。1976年8月加入中国共产党，1980年2月参加工作。

疫功能"仍未发挥出来，还未对内部管理起到有力的支持作用，难以满足现代高校发展的迫切需要。高校内部审计目前只依据相关法规制度与要求对财务收支进行审计，将侧重点放在了监督方面，对内部审计应具备的服务职能有所忽视，没有站在风险防范、效益提升和加强管理的角度对绩效审计与效益审计进行积极管理。高校内部审计应转变传统以监督为主的单一性审计观念，落实并增强内部审计的"保健"作用，真正发挥其防风险、强管理和促发展的积极作用，以实现创新与转型，促使高校各项事业更好地发展。

**（二）"监督主导型"职能向"服务主导型"职能转变**

高校内部审计机构是高校内部设置的机构，在学校主管领导的领导下开展工作，为实现学校的战略目标服务。随着高校市场化改革的深入，内部审计部门已经成为高校管理机制中不可或缺的角色，在促进本单位强化内部管理、提高资金使用效益、加强廉政建设等方面发挥出了重要的作用。

我国高校内部审计职能要根据需要进行转型改革和发展，由"监督主导型"向"服务主导型"转变，这是使高校内部审计工作更好地适应高等教育发展的必然要求。高校内部审计监督职能的行使，即对高校及其所属单位财务收支、经济活动的真实性、合法性以及效益性进行独立监督，揭露问题。这固然是高校内部审计最基本的职能。但是绝不能为监督而监督，监督是手段，服务是宗旨，高校内部审计更重要的是要充分发挥审计的服务作用。找问题、查错误、抓舞弊只是内部审计的工作手段，防风险、堵漏洞、保管理才是内部审计的工作目标和内部审计价值的真正体现。

从高校内部审计发展的历史来看，高校内部审计部门作为学校管理职能的一部分，其一直都在为内部管理者服务，为高校发展的总目标服务，且应本着为提高学校教学质量和管理水平服务的思想来开展工作。高校审计以监督为手段来履行其监督职能，其目的是促进校内各部门、各单位的经济工作有效开展，提高办学效益和经济效益，为学校整体办学、领导宏观决策服务。因此，其绝不能以监督者自居，必须以服务者的身份出现，把为被审计单位服务的思想贯穿于审计全过程，发现问题，帮助分析，查找问题产生的原因，进而提出切实可行的改进措施，督促落实整改。

摆正监督与服务的关系，不是不要监督，而是要立足服务，坚持监督。坚持监督和立足服务二者是一个辩证统一体，没有监督，谈不上服务，但单纯进行监督而没有服务，也达不到监督的目标。在实施高效内部审计职能时，要体现"以服务为根本，在服务中实施监督评价，在监督评价中强化服务"的宗旨，坚持监督与评价、咨询与服务并重，在监督中服务，寓监督、检查于服务中，本着为提高学校教学质量和管理水平服务的思想来开展工作。内部审计由"监督主导型"向"服务主导型"转变，这符合国际内部审计的发展潮流，也符合内部审计本身的自我发展诉求。

审计监督与审计服务相统一，要寓审计监督于服务之中。高校要抓住重点，积极开展审计工作，帮助被审单位发现问题、认识问题，提出解决问题的办法，建立防范措施，提高经济效益。

### （三）高校内部审计发展趋势——绩效审计

随着教育体制改革的深化，高校资金筹集渠道越来越多元化，资金分布越来越广，内部经济成分逐步多型化。高校除了每年的国家正常财政预算拨款外，还有多种渠道的资金来源，资金数额大且构成极为复杂。具体而言，高校的各项收入有：校办工商业、运输业、出版设计以及各类服务业的纯收入；联合办学收取的分成收入；接受委培各类学生、短期培训班收取的委培费、培训费；接受来自国内外的各种贷款、贷款贴息和捐赠款等。

高校经济活动日趋复杂，给审计监督工作带来了严峻的挑战。资金在高校各项经营活动中发挥着至关重要的作用，要切实加强对教育资金的筹措、管理、拨付以及使用的审计监督，有助于资金的有效合理使用，保障各项资金收付趋于合法性、安全性以及有效性。

高校绩效审计指的是高校配置审计人员与内部审计机构，以人们共同的认知标准与国家的相关法规制度为依托，结合内部管理要求，独立分析、审查、评价和考量其所属部门、单位的各项经济活动及财务收支情况，了解其配置、使用、管理学校各项资源的效益、效果与经济性及其履行经济责任的情况，明确相关绩效，分析总结出审计评价结论，并在此基础上提出适当的改进意见，使学校的管理更加完善，效益得以提高的一种监控活动。高校绩效审计可以衡量高校内部各个部门的资源利用效率，主要是考察投入与产出的对比关系，进而进行成本效益分析，由此对学校内各单位的资源利用效率进行评价。

随着经济体制改革的深入，效益观念增强，高校内部审计在实施监督与控制职能的同时，利用其优势在提高效益方面发挥出了重要作用，这是高校内部审计的发展趋势。现阶段，高校在发展过程中普遍存在着资金不足和使用效率低下的情况，因此在保证审计质量的前提下，如何提高高校内部审计工作效率已经成为高校内部审计需要研究的重要课题。随着高校扩招工作的整体推进，其日益走向了市场化，筹资投资、基建后勤、招生就业等逐渐向市场开放，而要想在激烈竞争中长期保持强势，必然要注重结构、规模、质量、效益协调发展，注重管理绩效。围绕"绩效审计"重点开展经济效益审计，可避免和减少国有资产的浪费和流失，节约开支，杜绝浪费，提高学校整体的经济效益，促进办学质量与效益高度统一。

将高校工程项目内部审计贯穿于工程项目建设全过程，可有效地控制基建工程成本，提高资金的投资效益，避免造成资金损失。所谓的高校工程项目审计指的是在相关制度规范和法律法规的管理下，高校内部审计机构从适当性、合法性与有效性三方面入手对各个阶段中建设工程项目的业务管理活动做出评价和确认的活动。这一类审计工作主要为对包括投资立项与勘察设计、施工前期准备、中间工程及竣工验收等在内的建设工程项目的业务管理进行评价和审查的一系列活动。把审计工作渗透到基建修缮工程的各个关键环节，包括项目决策阶段、勘测设计阶段、施工阶段、竣工决算与验收等，可真正实现工程造价管理目标，有效控制工程造价，有效改善建设工程管理，促进学校建设工程目标顺利实现。

通常而言，做好审计计划管理、审计质量管理、审计信息管理以及制度建设是做好高校工程审计工作的关键。实行全程跟踪审计，对工程规划、设计、报建、招标以及开工、施工、竣工、办理工程结算等各个环节进行有效监控，有助于核定基建项目工程造价，减少浪费，在保障项目质量的前提下降低工程成本，为学校节约资金。高校现行的工程审计模式主要是竣工结算审计，这就无法将项目建设全过程置于严密的审计监督之下。按照教育部的要求，应大力推进全过程审计，把审计关口前移，同时审计部门要在建设工程设计、招标、签订合同、洽商变更、竣工结算等各个环节严格审核把关，发挥事前、事中控制作用，以有助于核定基建项目造价，降低成本，进一步提高建设资金的使用效益。而且，这样显然有利于揭露和扼制项目建设过程中存在的问题，强化基建项目管理，推动基建项目顺利开展。

# 第三节　高校内部审计的特点、职能与作用

随着社会主义市场经济体制的建立和高校依法独立自主办学法人地位的确立，高校经济活动环境随之发生了很大变化。例如，国家对高校的投入不断增长。高校自筹经费能力逐步增强。高校内部运行机制不断改革创新、高校经济活动日益广泛复杂等。在当前形势下，在有效地保证教育资源的合理利用，保障教育系统内部经济活动健康、有序地开展，保证国有资产的安全与完整，最大限度地提高资金的使用效益等方面，高校内部审计显示出了不可替代的重要作用。因此，为了更好地促进高校内部审计工作的开展和研究，下面就高校内部审计的特点、职能和作用作一介绍。

## 一、高校内部审计的特点

高校组织不同于其他社会经济组织，有着自身的特点。因而，高校内部审计也呈现出了不同的特点，主要体现在高校内部审计的监管、体系、工作和人员等方面。

### （一）高校内部审计的监管协调一致性

高校内部审计是维护高校经济活动正常运行的卫士，是院校管理团队进行正确决策的眼睛。因此，高校内部审计的作用主要为推进高校廉洁和廉政文化的形成，落实高校经济与组织的依法管理，促进高校面向新世界的改革与发展。首先，通过对高校整体经济活动或者单项经济活动进行内部审计，可以发现经济活动中存在的问题，帮助院校管理团队

找到院校管理中的薄弱环节，完善院校的监督和管理机制，提高院校管理效率；其次，通过高校内部的管理审计、风险审计、环境审计等专项审计工作，不但可以为高校管理团队提供可靠的决策依据，还可以提高他们的风险意识；最后，高校内部审计可以帮助建立和完善内部财务监控、管理监督、廉政建设等内部控制机制和相应的制度，进而形成有效的高校经济活动内部控制体系。这样既可以改变高校的经济控制方式，即促使其由原来的间接控制转变为间接控制与直接控制相结合的联合控制，提高高校经济管理水平，又可以加快高校经济管理法制化、规范化的进程，增强高校在市场经济环境中的风险防范和抵御能力。

**（二）高校内部审计的体系相对完整性**

高校内部审计不但具有经济监督、绩效评价、鉴证服务[①]、管理服务等职能，还可以帮助高校实现其办学育人的战略目标。不可否认，高校内部审计的各项职能能否真正发挥作用，很大程度上取决于该高校的校领导的重视程度。早期，高校内部审计只是对本院校内部及其所属单位的财务收支状况及经营活动情况进行检查和审核，是一种基本的评价性审计活动。随着高校的发展，以及社会经济的进步，高校内部审计逐步向经常性监督活动过渡，形成了以监督评价为主的审计活动。现在，高校内部审计在原有的基础上形成了对院校内部各部门、各单位全方位的和经常性的内部评价监督，也已成为高校建立健全内部管理体系和监督制约机制的重要环节。至此，高校内部审计即成为了加强高校内部管理水平、维护财务活动纪律、保证资产保值安全及其完整性、提高高校内部各类资本使用效益、推进高校管理团队廉政建设的重要手段。高校内部审计从最初的基本的评价审计，发展成为高校改革和发展服务的审计，形成了自己独有的特点。很显然，高校内部审计的独特作用是不能为外部审计和社会监督所取代的。

---

① 鉴证业务是指注册会计师对鉴证对象信息提出结论，以增强除责任方之外的预期使用者对鉴证对象信息信任程度的业务。鉴证对象信息是按照标准对鉴证对象进行评价和计量的结果，如责任方按照会计准则和相关会计制度（标准）对其财务状况、经营成果和现金流量（鉴证对象）进行确认、计量和列报而形成的财务报表（鉴证对象信息）。鉴证业务包括历史财务信息审计业务、历史财务信息审阅业务和其他鉴证业务。鉴证业务涉及三方关系人，即注册会计师、责任方和预期使用者。责任方与预期使用者可能是同一方，也可能不是同一方。责任方可能是鉴证业务的委托人，也可能不是委托人。

### （三）高校内部审计的工作相对独立性

随着高校内部审计的发展，高校内部审计工作逐渐从其他职能部门中独立出来，成了高校内部常规工作活动，同时高校内部审计机构也随之而作为一个独立机构，成了高校常设内部机构之一。一般情况下，高校内部审计机构是在高校主管领导、院校管理团队的直接领导下开展工作，为实现高校办学的战略目标服务，因此高校内部审计的独立性很显然不能和外部公众审计相比。这样，在高校的内部审计活动中，将很难避免高校内部的各单位或各部门的利益限制，以及其他各方面因素的影响。但是，高校内部审计活动作为高校内向性的监督评价活动，要发挥其应有的效果，则必然要被赋予工作的相对独立性。

### （四）高校内部审计的水平差异性

组织内部审计水平的高低，一般受制于审计人员的业务能力。高校内部审计水平亦然。虽然高校是培养人才的地方，但是由于历史发展的局限，以及审计人员的经济理性的驱动，使得高校内部审计人员的业务水平普遍存在参差不齐的现象。这种情况下，高校内部审计人员既不像国家审计机关的审计队伍那样具有较高的政策水平，也与公众审计机构审计人员同于。公众审计机构的从业人员需具备必要的从业资格，还要在执业过程中不断培训提高执业水平。由此可知，高校内部审计人员的业务水平不可与国家审计和公众审计同日而语。并且，高校自身层次的不同，也在一定程度上影响了高校内部审计队伍的水平。因此，高校内部审计人员的业务能力的差异性，决定了高校内部审计水平的差异性。

## 二、高校内部审计的职能

职能是由事物本质决定的一种内在功能，内部审计职能就是内部审计本质属性的反映，也是人们对内部审计在客观上的作用的一种抽象认识。那么高校内部审计的职能体现了内部审计的什么本质属性呢？实践证明，高校内部审计有经济监督、绩效评价、鉴证服务和管理服务的职能。

### （一）经济监督

对高校经济活动进行监督是高校内部审计的基本职能之一。高校内部审计机构依照国家相关的法律法规、行政管理部门规章制度以及高校本身的相关文件等，采用符合高校自身特征的专门的审计程序和审计方法，对本院校及其各部门、各单位的经济活动的合规性、合理性、收益性以及相应的内部控制制度的健全性和有效性进行适宜评价。一般来说，高校内部审计的经济监督职能是指在高校管理团队或者高校主管领导的授权下，通过内部审计的相应程序和方法来监督和检查高校的经济活动是否在规定范围内健康有效地运行，具体既要检查相关经济责任人履行经济责任的情况，又要能及时发现违纪行为并会同相关部门制止损失浪费。也就是说，高校内部审计机构通过行使经济监督职能，判断高校管理活动中可能存在的缺陷，进而给出审计意见并督促整改。

（二）绩效评价

内部审计的另外一项基本职能就是组织经济活动效果评价。高校作为组织的一种，有其自身独特的经济活动。因而，高校内部审计也必然要对其经济活动效果进行评价。具体来说，高校内部审计的经济评价行为，即高校内设的内部审计机构对被审计部门或单位的经济活动及其相关资料进行合规合理的审查。它依据相应的标准（一般是法律法规、规章制度、文件材料等）对所查明的经济事实进行必要的分析和客观的判断，既要肯定成绩，又要指出问题，还要总结经验，促进高校各部门、各单位改善日常管理，提高效率和效益。在市场经济中，政府的资源配置主导作用逐渐淡化，市场承担起了基本的资源配置职能。这样在市场经济环境下办学育人，高校唯有通过市场竞争才能实现其资源的合理配置和教学要素的优化组合。而且很显然，要达到这一点，高校就要不断提高办学育人的效益，在如今这个激烈的竞争环境中求得生存和发展。在此情况下，高校内部绩效评价工作的开展就显得尤为重要了。换句话说，如何在市场经济的背景下进行高校管理体制改革，以使高校各部门、各单位的日常活动都与如今的社会经济活动紧密联系，并评价由此活动而产生的效益？高校内部审计活动的绩效评价职能，为此提供了一条有效的途径，不但可以避免决策失误给高校办学带来风险，还可以促进教学资源的优化配置和合理使用，助力高校发展战略的实现。

（三）鉴证服务

不管是公众审计，还是内部审计，提供鉴证服务都是其基本职能之一。所谓鉴证服务，就是通过审计标准，对组织活动形成的各种数据资料进行检查和验证，进而确定组织活动成果和经济状况的合规性、合理性和收益性，并出具相关的审计报告。高校内部审计，作为组织内部审计的一种，其鉴证服务职能与此类似。只不过，高校内部审计是指依据国家法律法规、职能部门的规章制度以及高校的相关文件对被审计对象的经济活动形成的原始凭证、数据材料以及经济资料进行检查和验证，进而确定被审计对象的经济活动成果和财务状况的真实性、合理性、合规性和收益性，并相应出具一份证明性的内部审计报告。该内部审计报告不但可以为审计授权人或委托人提供确切的被审对象的相关信息，达到取信于委托人、授权人甚至公众的目的，还可以对高校各部门或单位其经济活动绩效的合规性、合理性和收益性作必要的鉴证，为高校贯彻责任制、"治病救人"、激励进步提供必要的材料依据。

### （四）管理服务

高校内部审计不仅对高校内部经济活动进行监督和控制，而且还有加强高校运营管理、战略发展的职能。随着审计的预防性功能逐步发展为如今加强组织管理促进管理水平进步的建设性功能，其也从传统审计发展到了如今的现代审计。审计学的发展推动了包括内部审计在内的所有审计工作的开展和进步，高校内部审计也不例外。高校的内部审计主要从高校的组织设计、管理安排、发展战略以及高校发展的政策、路线、方针和方法等方面进行审核、审查、分析和评价，不但要揭示高校管理活动过程中可能存在的种种弊病或者相对薄弱的环节，还要能够肯定高校管理活动的独特性、进步性和高效性。因此，高校的内部审计的目的是协助高校的管理团队从战略的高度，以发展的眼光，对待高校管理过程中出现的人和事物，达到"知此知彼，百战不殆"[①]效果。这也就要求，高校的内部审计机构及其审计人员要能在高校内部有较为超然独立的地位。唯有如此，才使得高校内部审计工作能够提出比较公允、中肯、可行和全面的管理建议，进而，真正有利于高校的运营管理工作以及办学育人的发展战略目标。

---

① 知彼知己，百战不殆，意思是对敌人的情况和自己的情况都有透彻的了解，作战就不会失败，出自《孙子兵法·谋攻篇》。

### 三、高校内部审计的作用

通过对高校内部审计特点和职能的认识，我们认为其在以下几个方面对高校的战略发展和管理水平的提高有重要的作用。

#### （一）高校内部审计促进高校可持续发展

高校内部审计的特点及鲜明职能必然要求其参与到高校的内部控制制度的制定与完善工作中去，进而推动高校管理职能水平不断提升。改革开放以来，我国高校已由过去的单纯事业单位转变为面向市场、面向社会的自主办学实体。首先，随着市场经济的快速发展，我国高校办学经费的来源日趋多元化，高校各部门各单位的经济活动也日益增多。其次，高校内部的教学单位、科研单位、后勤部等又因工作性质不同而实行有一定差异的核算和稽查制度。最后，高校所承担的社会责任、办学压力、经济风险也随着高校自身性质的变化而相应增大。面对这些新变化，高校相应的内部控制工作也随之发生了变化，即从原先相对比较简单的内部控制工作，变成了如今相对较为复杂的内部控制工作。这也在某种程度上使得高校加强内部控制制度建设的任务更加紧迫，在客观上要求高校依据其自身的发展战略建立起一套相对完整的运作有效的极具特色的组织内部控制体系。高校内部审计作为一种监督控制机制，在高校及其各部门各单位的经济活动中有着至关重要甚至是不可替代的作用。我们以阿坝师范专科学院为例。该学院的内部审计机构作为学校内部的管理部门，除了要按照要求深入了解学院内部各项基本工作的情况外，包括熟悉学院内部各项工作的内容、程序等，还必须依照相关规定广泛参与该学院从发展规划的制定、教学科研经费的安排、办学资金的筹集等，到学院的招生、毕业生就业、日常教学活动以及学科建设和科学研究等各项学院具体内部控制工作，并按照学院的相关文件要求参与建立和完善学院基础建设、物资和设备采购的立项、预算、招投标、验收、结算、审计等一系列相关配套制度等。很显然，只有强化了内部审计在高校运作管理中不可或缺的作用，并不断创造条件、给予环境，使其真正发挥应有作用，高校的发展才能真正可持续。

## （二）高校内部审计促进高校日常管理水平不断提升

随着市场经济的发展，以及高校的办学战略的变迁，高校内部审计越显重要，对高校内部审计质量的要求越来越高。近年来，为了确保高校内部审计的质量，提高高校各类建设资金的使用效率，各高校在基础建设，特别是大中型工程项目竣工决算工作中，都依据各自特点，切实制定了详尽的内部审计方案。当然，我们必须承认，由于各院校自身审计人员水平以及院校发展不平等等客观现实存在，各高校除了执行内部审计外，还会依据经济项目的特点委托社会公众审计机构进行外部审计。在进行外部审计时需注意，一旦各委托审计项目被确定，各院校的内部审计机构就应该配合外部公众审计工作，按照外部审计程序和要求准备、收集和整理相关材料，并进行移交。同时，内部审计机构应该向外部审计机构详细介绍被审计经济项目的具体情况以及需要注意的一些问题，并适当配合外部审计机构组织现场审计，使其能够公允地进行审计。此外，高校内部审计机构还需要坚持重点突出、强化关键部分。例如，在大中型项目协同管理工作中，需要对工程量、材料单价、隐蔽工程、竣工图纸、鉴证资料等方面进行既定程序的审计工作，直至情况审核清楚。必要的时候，需进行多次现场审计工作，去市场中复核材料价格等，力求内部审计高质量完成。

## （三）高校内部审计能够督促落实制度并保证制度执行到位

高校内部审计如果能够发挥其应有的作用，则会对高校的制度完善和执行有很好的促进作用。例如，高校内部审计工作中有项重要的审计内容就是对高校的固定资产进行审计。因为高校的固定资产不但影响院校的科研教学、行政管理和后勤服务等各项基本工作的正常运转，还是衡量高校办学实力和教研质量的重要指标，所以如果高校固定资产管理得好，使用得当，不但能为院校节约教育经费，还能增强院校的办学能力。要达到这个要求，唯有严格执行固定资产的相关管理办法，强化固定资产的内部控制，否则就可能使固定资产被大量浪费，甚至使固定资产处于不安全状态。

# 第四节　高校内部审计的方式与程序

## 一、高校内部审计的方式

高校内部审计按照审计范围分为专项审计、部门审计和专案审计，按照审计频率分为定期审计和不定期审计。下面就专项审计、部门审计、专案审计和定期审计等几类进行阐述。

### （一）专项审计

专项审计是对某一项财政资金或其他社会基金的拨款（或征集）、管理和使用各环节进行全面的审计监督的一种审计方法。专项审计是以资金为线索来进行审计的，是高校等行政事业审计中应用比较多的一种方法。一般而言，在某专项资金用途明确、资金量较大、中间拨付环节和管理层次比较多的情况下，就可以用这种方法。其优点是：能够全面系统地了解专项资金的运转和使用情况，及时发现各环节存在的问题并采取措施加以纠正；对于管理上的问题，可以通过综合报告的形式向有关部门反映，从而完善管理制度。

### （二）部门审计

部门审计是对高校某一部门或一个系统的单位，从上至下同时进行审计的方法。部门审计不一定对高校内所有部门都同时审计，但必须要达到一定的面，否则不称其为部门审计。部门审计一般由院校审计机关提出审计计划并负责组织实施。院校审计机关在组织部门审计时，一般要进行业务培训，搜集相关的审计数据，提出对有关问题统一的处理原则。院校审计机关除了要按一般审计程序对每个单位做出审计结论外，更重要的是还要写出综合报告报于院校管理团队。此方法的优点是：对某一部门审计比较深入彻底，容易发现倾向性问题，促进管理部门加强和改进行业管理。

### （三）专案审计

专案审计是根据一定的线索，就某一经济活动或某一事件有重点地进行审查。一般情况下，专案审计的范围只限于对院校管理团队批办事项和教职工来信所反映的问题进行查证。它也是高校内部审计常用的一种方式，就事论事，针对性强，重点突出，查证问题快，是专案审计的特点。

### （四）定期审计

定期审计是指对被审计单位的财政财务收入及相关经济活动按相对稳定的间隔期实行审计监督的一种形式。高校内部定期开展审计可以促进自身自觉遵守财经纪律，也有利于审计逐步走上制度化、规范化的轨道。但是定期审计占用审计力量过多，在目前审计任务和审计力量矛盾比较突出的情况下，定期审计不可能一步到位，而需逐步扩大。同时，定期审计不宜过分强调具体形式，应同其他审计方法相结合，以便取得更好的效果。

## 二、高校内部审计的程序

高校内部审计的程序一般分为四个阶段：审计规划、审计实施、审计报告和后续审计阶段。

### （一）高校内部审计的规划阶段

高校内部审计的规划阶段，也是准备阶段，是指从确定审计任务开始，到制定出审计方案为止的这一过程。审计的规划是整个内部审计的基础。规划工作是否做得周密、细致，会直接影响到整个高校内部审计工作的质量和效果。因此，高校内部审计的规划阶段在高校内部审计程序中占有重要地位。高校内部审计机构对本单位的经济活动和管理工作比较了解，在规划工作上不用花大力气。规划阶段的工作主要有：明确审计任务，选点立项，制定审计计划；委派审计人员，确定审计方式；进行调查了解，搜集情况资料；确定审计重点，制定审计方案等几项工作。

### （二）高校内部审计的实施阶段

高校内部审计的实施阶段，是指经过充分准备之后针对重点问题进行审计的阶段，也就是将审计工作方案付诸实施，化为实际行动。在高校内部审计实施阶段，一般是根据其规划阶段所做的选点立项工作，有针对性地进行审计。所选定的点和项可能是高校内部财务方面的内容，也可能是人才档案方面的内容，或者兼而有之，但无论是哪个方面的审计，在高校审计的实施阶段，一般都要做好以下几项工作：对所选定的项目采用多种方式进行调查，了解情况并找出主要问题；进行各种测试分析，对照标准，揭示矛盾，并寻找事物变化的原因；充分取证，弄清问题的真相；汇总分析，做出审计评价。

### （三）高校内部审计的报告阶段

高校内部审计的报告阶段也叫审计终结阶段，这个阶段是内部审计工作的总结过程。高校内部审计人员经过规划、实施这两个阶段的工作，对被审项目进行审计后，应对审计中发现的问题和情况进行客观公正的评价，做出审计结论，进而酝酿提出改进建议和处理意见。接着，其还需基于这些内容以书面的形式写出审计报告，提请单位和负责人审批。此外，高校内部审计机构还应总结审计工作的经验教训，一起改进今后的工作。此阶段包含六个方面的工作：整理各种记录，酝酿审计意见；集中审计意见，起草审计报告；征求被审单位意见，修改审计报告；上报审计报告，通知贯彻实行；整理审计资料，建立审计档案；回顾审计工作，总结经验教训。

### （四）高校内部审计后续审计阶段

高校内部审计的后续审计阶段也叫后续跟踪，是在审计报告发出后相隔一段时间，为检查被审单位对审计报告提出的审计问题及建议是否已采取了适当措施而采取的审计。高校内部审计后续审计阶段的主要内容有：定期回访，检查整改情况；编写后续审计报告，总结审计效果。

# 第二章　高校财务收支审计、预算执行和决算审计

# 第一节  高校财务收支审计概述

## 一、收入审计

收入审计即确定发生的各项收入是真实的，有合规的来源、完整的记录和正确的余额。应明确了解被审计单位具体的收入规模与收入结构，明确单位内部预算外收入（即各项事业收入）的详细业务操作流程、各项收费的入账环节及其依托的政策依据、业务部门与财务部门的分工职责、收费票据的管理方式及使用种类。另外，还要明确了解被审计单位参与开展的各项经营活动的主要项目内容及活动范围，掌握其参与资产出租、对外投资等的情况。以此为基础，运用计算复核、实地观察、审阅、比较分析等方法，一一审查被审计单位已发生和记录的各项收入，重点分析出各项收入的构成，了解收入增减变化的原因。

第一，审计财政补助收入。对于全年财政核定的包括平时财政专项追加预算数在内的财政补助收入预算数进行检查，了解实际的财政经费数，调查单位是否及时核算了财政补助收入，是否有准确的发生额，是否有完整的记录。

第二，事业收入审计，也叫作预算外收入审计。首先，应统计实际在审查单位账项中反映出的全部事业收入总额，将其与单位各项收费政策规定的事业发展规模、收费标准、各个收费项目依据统计得出的各项事业收入应收数进行对比，同时站在整体层面上调查清楚被审计单位在经营过程中有没有按相关要求做到应收尽收，有没有损害单位集体收入个人得好处、有没有将应收收入用于交费单位搞体外循环等。其次，应将部门单位的实际收入情况与其收费标准、项目、依据、许可证、票据等政策文件资料一一对照检查，明确该单位有没有乱摊派、乱集资、乱收费，收费有没有超标准、超范围。最后，应将审查单位包括结算票据在内的所有收费票据实际收入对比记录的入账金额，查清是否有收入不入账等。最后，对于审计附属单位的缴款与上级补助收入，可通过核算相关银行记录的往来款项、现金及存款的发生额与附属部门单位年度核定的缴款预算数了解其是否准确，查明是否有将附属单位缴款与上级补助收入放在往来款项中进行核算，调查上级部门返还给本单位的收入补助是否按照相关规定足额补助，附属单位因何原因未能实现缴款预算。

第三，审计经营收入。应查明审查单位利用资产的具体情况，查明其借助本部门技术参与第三产业进行非独立核算的经营活动的详细的步骤和方法，了解其有没有将经营收入记录清楚并纳入财务总账。

第四，审计其他项目收入。应全面检查部门单位资产，了解其有没有将非经营性资产纳入经营性资产的账户，有没有将其"非转经"收入全部入账；审查分析单位部门技术转让、对外投资等相关支出明细，明确单位有没有将技术转让费、投资收益足额记录在账；审查单位在各个银行中的存款状况，明确其有没有将利息收入足额记录在账；检查单位部门的职能履行情况，明确其业务费收入、手续费、劳务报酬、服务费等有没有及时足额入账；按照时间发生顺序对比检查单位部门实际使用的资金数额与其到审计中心领取的备用金数额，了解其有没有有账外机动资金收入等。

## 二、支出审计

支出审计即明确发生的各项支出是真实的，有完整的记录、合规的内容，使用后有相应的效益产生。首先，应从总体层面了解被审计单位具体的支出结构与支出规模，合理运用分析性复核的方法，对各项支出的预算执行情况与增减变化情况进行比较分析，对其原因进行深度剖析。另外，还应结合项目的风险与重要性水平进行评估，确定重点支出审计内容，采取账实相互核对、抽查、详查、逆查、顺查的步骤方法，审计各项支出，并对被审计单位的各项支出加强效益评估与结构分析。

第一，审计人员经费支出。应对单位实际工资发放标准、实有人员、财政部门按规定制定的部门预算、相关财经制度进行对照分析，按步骤抽查核对审计相关资料凭证，逆查支出明细账目。首先要重点查明是否准确真实地记录了人员工资津贴等各项支出；其次要查明是否有按照相关标准与规定发放和计提奖金福利等，是否存在个人所得税漏计、少计的问题；再次，应对比查清应由财政部门核定上报的预算数与单位账项中记录的实际支出的各项人员经费明细，了解单位的工资津贴基础标准有没有抬高，有没有虚报人数，人员经费预算数有没有扩大，是否存在套取、骗取财政补助拨款等行为；最后，应认真审查单位中对停薪留职、在岗不在位及临时借用的人员的各项经费支出是否合规、真实、合理。

第二，审计正常公用支出。首先应对单位正常公用各项目支出的增减变化进行比较分析，了解支出产生增减变化的原因；其次应对各项支出的明细账、总账以及原始凭证进行审查，检查是否有完备的支出结报手续，检查支出账证与账账是否完全相符，滥用乱支的行为是否存在等；最后应对单位结报的办公费、大额购置费、会议费、修缮费等各项支出费用进行抽查，并将其与报账相关的会议纪要或会议记录、实物资产、有关修缮的施工单位等进行验证核对，了解其列报的支出明细的真实性，了解其有没有用假会议费、假差旅费、假修缮费、假印刷费、假办公用品费、假招待费、假购置费及假运输费等各方面的虚假发票虚假列支、虚报冒领。

第三，审计专项项目支出。应对本级财政在有关年度做出的专项支出预算批复、上级主管部门或财政部门在当前年度内做出的建设专项项目立项的可行性研究报告、批准文书、相关财务账据资料和专项追加批复的专项补助内容进行审阅，进而结合运用工程项目建设审计与财务审计这两种方法，对以下内容进行审计审查：一是有没有坚持将专项项目的各项支出专款专用，二是了解专项项目各项支出的相关使用情况，做好跟踪问效工作。

第四，审计对附属单位补助和上缴上级支出。应对相关政策文件与年度部门预算进行审阅，同时审阅上下级单位之间检查结算票据的步骤和方法。具体而言，一方面要查明被审单位是否按预算严格执行了对附属单位提供的补助支出；另一方面要查明其是否有按照相关规定严格进行上缴上级支出。

第五，审计经营支出。应审计未实行独立核算但有经营项目的单位的经营支出，重点对其收入费用的支出范围、配比进行审查，查明其有没有按规定支出费用，其事业支出与经营支出有没有进行正确、恰当的划分。

# 第二节　高校预算执行和决算审计基本内容

## 一、高校预算执行审计的内容

### （一）高校财务预算管理审计的主要内容

高校财务预算管理包括预算的制订、执行、控制、评估等环节。

财务预算管理审计的主要内容为：

（1）是否按照"量入为出，收支平衡"的经营原则进行预算编制，是否将稳妥积极的原则贯彻到收入预算的编制中，是否将勤俭节约、统筹兼顾以及保证重点的原则贯彻于支出预算的编制中，是否按照教育部门、上级主管财政部门、本校以及国家的相关规定要求进行预算编制。

（2）能否保证预算方案在合法、真实、有效的情况下完成了编制，是否将超出学校财力的可能考虑在内做出了赤字预算的编制，是否向教育部门、上级主管财政部门及时上报批复，学校是否按照法定程度对预算进行了审批，并按规定时间将其下达。

（3）调整预算时，调整的有关说明、项目、措施及数额是否明确，是否有确需调整的原因，预算的调整与追加是否编制了相应的调整方案与追加方案，并在法定程序审批后按要求执行。

（4）在下达了学校预算后，是否出现未经法定程序审批就随意调整预算的现象，有无随意对预算支出做出增减项目，或多个项目之间随意调节使用预算的情况。

（5）在学校预算管理中，是否制定了有效、健全的各级经济责任制与内控制度。

### （二）高校收入预算执行审计的主要内容

高校收入预算主要包括事业收入、财政补助收入、附属单位上缴款、上级补助收入、经营收入、其他收入等。

收入预算执行审计的主要内容为：

（1）学校预算收入项目是否齐全，学校的各项收入是否真实、合法、完整，有无隐瞒、少列收入，有没有推迟或提前确认收入行为。

（2）应当纳入预算管理的各项收入有没有纳入学校预算，实行统一管理、统一核算，是否都严格按规定的标准和范围进行，有无乱收费、乱集资的问题。

（3）学校有没有按预算目标积极组织收入，有上缴任务的基层单位或部门有没有将应上缴的预算收入按规定及时上缴学校，有无截留、挪用预算收入或设置"账外账"。

（4）有无利用应付及暂存、代管项目等过渡性会计科目挂账隐瞒收入或直接列收列支等问题。

（5）预算收入的会计核算是否合理、正确，各项收入，包括财政补助收入、上级补助收入、事业收入、经营收入、附属单位上缴收入和其他收入有没有合理分类，有没有纳入财务部门统一管理、统一核算，款项有没有及时足额到位。

（6）收费的项目、标准和范围是否合法并报经有关物价部门、教育主管部门批准，会计处理是否合法、合规，有无擅自增加收费项目、扩大收费范围和提高收费标准等问题，收费有没有贯彻"收支两条线"原则，有没有使用财政部门统一票据。预算外资金有没有按照国家规定的比例及时足额上缴或纳入学校预算。

（7）是否有切实可行的保证预算收入目标实现的控制措施和办法。

**（三）高校支出预算执行审计的主要内容**

高校支出预算主要有自筹基建支出、经营支出、事业支出及对附属单位补助支出。

支出预算执行审计的主要内容为：

（1）预算支出的经费项目、支出用途、定额定员的指标有没有全部严格按照预算审核的分配规划进行经费拨付和开支，有没有严格按照学校、上级主管部门的相关财务制度规章及国家相关财政制度执行，是否存在随意提高开支标准或扩大支出范围的行为。

（2）学校有没有在合法、真实且未随意对支出的计量方法与确认标准做出更改的情况下发生各项支出，是否存在不列、少列或多列支出的现象，预算支出中是否存在虚列支出、以购代置、以领代报的现象，是否存在损失浪费、挤占、利用支出对外投资、挪用、滥发财物等行为。

（3）是否对包括经营支出、事业支出、对附属单位补助及自筹基本建设支出在内的各项支出进行合理的分类，有没有正确划清各类支出的界限，支出是否能保证按计划真实、严格地实施，是否存在超计划或计划外的问题，有无按标准监督、考核各项支出，是否每一项支出都有合理的使用结构，是否有良好的资金使用效益。

（4）有没有按照特定的用途或者项目对专项资金支出做到专款专用，是否存在虚列支出或挤占支出的行为，是否有正确、合规的会计核算。

（5）是否存在使用过渡性的会计科目，如代管项目、应付及暂存、应收及暂付等直接列支列收或挂账隐瞒收支等问题。

（6）预算支出中有无能保证预算目标合理实现的可靠的控制办法与措施。

**（四）高校财务预算执行结果审计的主要内容**

学校与其所属部门实际执行预算产生的效果与完成事业计划的各项保障情况都属于高校财务预算执行结果审计的内容。

高校财务预算执行结果审计的主要内容为：

（1）收入预算的完成情况（收入预算完成率），各项目实际收入与收入预算的差异及其产生的原因。

（2）支出预算的执行情况（支出预算完成率），各项目实际支出与支出预算的差异及其产生的原因。

（3）全年预算收入与预算支出是否平衡。

（4）预算执行与事业计划完成之间的协调保障情况，学校及所属部门是否完成了事业计划和部门工作任务（如教学与科研计划、招生与就业指导计划、行政与后勤保障任务等）。重点检查基本支出进度是否与有关事业计划完成的进度相协调；项目支出的效益或效果如何，是否达到了《项目申报书》确立的预期效果。

（5）学校及各部门为保证预算的完成，采取了哪些加强管理和增收节支措施，取得了哪些经验。

（6）学校及各部门在预算执行过程中有无重大违规违纪问题，还存在哪些管理薄弱环节和内部控制漏洞。

## 二、高校决算审计的内容

高校财务决算审计指基于年度预算执行审计，从完整性、真实性与合法性三方面对学校年度财务报告进行检查，对学校的整体财务状况进行分析，对全面财务预算管理做出客观评价与综合分析的审计活动。

财务决算审计的主要内容为以下所述。

### （一）资产审计

《高等学校财务制度》第四十条规定："高等学校的资产包括流动资产、固定资产、在建工程、无形资产和对外投资等。"流动资产指的是在一年的时间内，可以耗用或者变现的资产，如各种存款、存货、现金、借出款、应收及暂付款项等。非流动资产则为不准备或不能在一年的时间内耗用或变现的资产。非流动资产包括对外投资、固定资产和无形资产等。其中，对外投资表示为高校以各种渠道方式对其他单位做出的投资活动，包括对校办产业及其他校外项目的投资等；固定资产主要代表具有一年以上的使用年限，具有超于规定标准的单位价值，且在使用过程中原有物质形态未改变的资产，如建筑物、文物、房屋、陈列品、一般设备、图书、专用设备及其他固定资产等；无形资产主要为不具备实物形态但可以为高校提供某些便利、权利的资产，如非专利技术①、专利权②、商誉③、著作权④、

---

① 非专利技术是指不为外界所知的、在生产经营活动中已采用了的、不享有法律保护的各种技术和经验。

② 专利权，是指国家根据发明人或设计人的申请，以向社会公开发明创造的内容，以及发明创造对社会有利为前提，根据法定程序在一定期限内授予发明人或设计人的一种排他性权利。

③ 商誉通常是指企业在同等条件下，能获得高于正常投资报酬率所形成的价值。由于企业所处地理位置有优势、经营效率高、历史悠久、人员素质高等多种原因，其可以获得超额利润。

④ 著作权，是指自然人、法人或者其他组织对文学、艺术和科学作品享有的财产权利和精神权利的总称。在我国，著作权即指版权。广义的著作权还包括邻接权，我国《中华人民共和国著作权法》称之为"与著作权有关的权利"。

土地使用权 ①、商标权 ② 等。

资产审计指从完整性、真实性、有效性三方面对各项资产的存在进行审核，查明资产管理的安全性，资产是否合法合规地发生变动，资产是否有正确、合理的计价，资产的计量方法与确认标准有没有被随意改变，是否存在多列、少列、虚列及不列资产的行为。

1. 货币资金

（1）货币资金的概念。高校现金是指高校的库存货币现金，包括库存的人民币和外币。它作为一种交换媒介，可以被直接、立即应用到货币流通之中，它可以用于支付相关费用、购买所需材料、存入银行或者偿还债务。库存现金应主要用于学校中零星的日常开支。

高校银行存款是指存放在银行或其他金融机构的各种货币资金。按照国家有关规定，高校在开设银行账户后，除按核定的限额保留少量库存现金外，其余的货币资金都必须存入开户银行。货币资金的收付，除国家规定可以用现金支付的以外，其余都必须通过银行办理转账结算。通过银行办理转账结算，一方面有利于国家集中管理资金，缩小现金流通范围，减少货币发行，防止出现盗窃、作弊现象，节省清点、运送、保管货币的人力物力。另一方面，也有利于高校合理地使用资金，简化结算手续，提高工作效率。

（2）货币资金审计的内容。货币资金的收付、使用与管理是否遵守了相关规定，是否符合相关安全标准，是否建设了有效、健全的内部控制制度，是否有合规、合法的银行开户，是否存在转让、出租或者出借等问题，

---

① 土地使用权是指国家机关、企事业单位、农民集体和公民个人，以及三资企业，凡具备法定条件者，依照法定程序或依约定对国有土地或农民集体土地所享有的占有、利用、收益和有限处分的权利。

② 商标权是民事主体享有的在特定的商品或服务上以区分来源为目的排他性使用特定标志的权利。商标权的取得方式包括通过使用取得商标权和通过注册取得商标权两种。通过注册获得商标权又称为注册商标专用权。在我国，商标注册是取得商标权的基本途径。《中华人民共和国商标法》第 3 条规定："经商标局核准注册的商标为注册商标，包括商品商标和集体商标、证明商标；商标注册人享有商标专用权，受法律保护。"

是否存在挪用、非法融资、公款私存、舞弊盗用、白条顶库①等情况。有价证券②的购买及其来源是否合法，保管、转让和账务处理是否合法、合规，有无违纪违规和不安全等问题。对外融资、定期存款活动的进行有无完善的校级审批制度为依据，是否存在坏账、呆账的情况。

（3）货币资金审计的步骤。

①核对总账的余额与银行存款日记账、现金日记账是否相符。

②与受审计单位的主管会计人员共同对库存现金进行盘点，编制相应的"库存现金盘点表"，根据面值、币种进行分类列示进行金融盘点，而日后对资产负债表进行盘点时，应调整金额数为资产负债表日对应的数目。核对现金日记账户余额与盘点金额，如发现差异，则应做好记录，查明原因并做出适当调整。如查明存在未作报销的原始凭证、未提现支票、充抵库存现金的借条，则需要在"盘点表"中明确标注出来或者做出对应的必要调整。

③获取银行存款余额调节表（须是与资产负债表日对应的），再做出相应的调节后，如果银行存款余额核对发现仍存有差异，则应调查原因，做出相应的调整并做好记录。

④对"银行存款余额调查表"进行检查，查明其中未达账项是否真实，了解资产负债表日后的详细的进账情况，如有应该在负债表日前收录进账的应及时调整。

⑤向被审计单位在本年度有过款（包括银行本要存款、银行汇票存款、外埠存款）①的所有银行发函，其中包括零余额账户和本期内注销的账户。

---

① 用不合法的便条、白头单据来抵补库存现金，这种做法也称为"白条抵库"。白条顶库是一种违反现金管理制度的行为，应当坚决加以的制止。

② 有价证券，是指标有票面金额，用于证明持有人或该证券指定的特定主体对特定财产拥有所有权或债权的凭证。有价证券是虚拟资本的一种形式，它本身没价值，但有价格。有价证券按其所表明的财产权利的不同性质可分为三类：商品证券、货币证券及资本证券。

① 外埠存款是指企业到外地进行临时或零星采购时，汇往采购地银行开立采购专户的款项。银行汇票存款是指企业为了取得银行汇票，按照规定存入银行的款项。银行本票存款是指企业为了取得银行本票，按照规定存入银行的款项。

⑥如果有一年以上的银行存款项目为限定用途存款或者定期存款，应查明具体情况并做记录。

⑦抽查包含银行本票存款、银行汇票存款与外埠存款在内的银行存款支出、大额现金收支是否有内容完整的原始凭证，是否在有批准授权的情况下对相关账户核对了具体进账情况，如存在收支事项与委托人业务无关的现象，则应查明原因，做好记录。

⑧对资产负债表日前后若干天的银行存款收支凭证、大额现金进行抽查，如有跨期收支事项，则须进行调整。

⑨检查非记账本位币是否采用了正确的折算汇率折合记账本位币，是否按照相关规定对折算差额作了会计处理。

⑩查明是否已于资产负债表上对货币资金进行了恰当的披露。

2. 应收票据

（1）应收票据的概念。高校的应收票据指，在日常的经营活动中，高校使用商业汇票的方式进行结算时，收到的承兑汇票。因此，高校的应收票据主要表示为商业汇票。

商业汇票根据其不同的承兑人可分为两种，一种为银行承兑汇票，一种为商业汇票。前者是由承兑申请人或收款方（指高校）签发的，由承兑申请人将申请提交到银行，再获得银行批准承兑的票据；后者指承兑方为付款人的汇票，由付款方或者收款方（指高校）签发均可，但其承兑方必须是付款人。

商业汇票分为带息票据和不带息票据。带息票据是指开出日至付款日要计算利息的票据，在票据到期时，付款人除按票面金额向收款人支付外，还要加付一定的利息；不带息票据是指开出日至付款日不计算利息的票据，在票据到期时，付款人只支付票面金额，不支付利息。

（2）应收票据审计的内容。是否按照相关安全标准及各项规定管理和使用应收票据，有无有效、健全的内部控制制度。是否在商品合法交易的基础上完成了商业汇票的签发和接受，是否充分了解并能准确把握承兑单位当下实际的信用状况，是否对应收票据设置了备查簿。

（3）应收票据审计的步骤。

①核对应收票据明细账与总账的余额是否相符。

②获取或编制资产负债表日应收票据明细表，并检查明细表各项余额的加计是否正确，从应收票据明细表总数追查到总分类账，抽查部分票据，检查其内容是否正确，将所查的票据项目追查到应收票据明细账，并与有关文件核对。

③监盘库存票据，并与应收票据登记簿的有关内容核对。

④抽取部分票据向出票人函证，以证实其存在性和可收回性。

⑤验明应收票据的利息收入是否均已正确入账。

⑥核对已贴现的应收票据其贴现额与利息额的计算是否准确，会计处理方法是否恰当。

⑦验明应收票据是否已在资产负债表上恰当披露。

3. 应收及暂付款

（1）应收及暂付款的概念。高校目前尚未收到的但原本应收取的款项就是高校应收及暂付款，其中包括未收到但实际应收取的经营收入、住宿费、学杂费、学生尚未归还的贷学金、各种赔款等。

高校暂时垫付给个人或者其他有关单位的各种款项为高校暂付款，如因公出差时需暂时为职工垫付的茶旅费，暂时垫付给上级单位或者所属单位的各种款项等。

（2）应收及暂付款审计的内容。应收及暂付款管理和使用是否符合规定，内部控制制度是否健全、有效。应收暂付款的发生、结算及增减变化是否合法、真实，是否及时对应收及暂付款项作了及时的结算清理，是否存在虚挂账、长期挂账等行为，是否查明了应收及暂付款项确实无法回收的各方面原因、有无做到分清责任，有没有按照相关程序、规定批准后核销，有无建立明确合理的经济责任制。公款公用原则、预算控制原则、清理及结算原则有没有全部及时、按时、按要求执行，查明年末余额正确与否，查明是否对会计报表进行恰当的披露。

（3）应收及暂付款审计的步骤。

①核对应收及暂付款明细账与总账的余额是否相符。

②从余额结构与账龄两方面对应收及暂付款进行分析，从应收及暂付款项中选取金额大、账龄长的明细与债务人进行函证，以所得回函情况为依据进行函证结果汇总表的编制，如若回函金额与账目不符，则应

调查其原因，进行适当调整并做记录，如若未回函，则应多次复询，或者利用替代审计程序对此进行检查，结合检查结果对债权的可回收性和真实性做出判断。

③对于未发询证函的应收及暂付款，应抽查有关原始凭证。

④检查应收及暂付款中有无与被审单位有纠纷的项目；有无债务人破产或死亡的，或者债务人长期未履行偿债义务的。

⑤对于应收及暂付款中的贷方余额及不属于结算业务的债权，必要时要进行分类调整。

⑥对于非记账本位币结算的应收及暂付款，应检查其采用的汇率及折算方法是否正确。

⑦验明应收及暂付款是否已在资产负债表上恰当披露。

4. 借出款

（1）借出款的概念。高校借出款是指借给校内独立核算单位或有关校办产业的各类周转金性质的款项。根据国家有关金融法规的规定，高校不能直接将资金借给其他单位，所以借出款的对象必须是高校有资金偿还能力的附属单位，通常就是指高校的校办企业，如校办工厂、出版社等。为了促使校办企业提高经济效益，高校在将暂时闲置不用的款项借给校办企业，以扶持其发展的同时，应收取适当的资金使用费。

（2）借出款审计的内容。借出款管理和使用是否符合规定，内部控制制度是否健全、有效。确定借出款是否存在；确定借出款是否归被审计单位所有；确定借出款增减变动的记录是否完整；确定借出款年末余额是否正确。

（3）借出款审计的步骤。

①获取或编制借出款明细表，并与明细账、总账核对是否相符。

②选择金额较大和异常的明细账户余额，抽查其原始凭证，必要时发函询证。

③复核与借出款有关的其他收入计算是否准确。

④对金额较大长期挂账的项目，应查明原因，确定是否可能产生坏账损失。

⑤审查转作坏账损失的项目是否符合规定，有无办妥审批手续。

⑥对于借出款外币账户，检查其入账汇价是否正确，年末汇价调整是否正确。

⑦验明借出款是否已在资产负债表上恰当披露。

5. 材料

（1）材料的概念。高校在开展教学、科研及其他活动时为耗用而储存的财产物资统称为存货，它包括各类材料、燃料、办公用品、低值易耗品等。存货中的消耗性物资是指使用后就消耗掉或者逐渐消耗掉，不能保持原有形态的各种实验试剂、文具办公用品、燃料等；低值易耗品是指单位价值较低，不够固定资产标准，且又容易损耗的各种器具等。高校的各类存货（如材料、燃料、文具用品、低值易耗品等）均通过"材料"科目核算。

（2）材料审计的内容。是否按照相关规定使用和管理材料，有无有效、健全的内部控制制度，查明材料是否真实存在，有没有使用恰当的方法对材料进行计价，材料是否属于被审计单位。有没有建立材料采购、验收、进出库、保管、领用等相关管理制度，盘点制度是否定期执行，对于报废、损毁、盘亏或者盘盈的材料有无查明原因并进行账务处理。

（3）材料审计的步骤。

①获取或编制材料明细表，并与明细账、总账核对是否相符。

②确定决算日材料结存数量；观察材料盘点，监督盘点计划的执行，并适当进行抽查；获取经盘点小组签字的材料盘点表，检查材料盘点结果的处理情况，包括对盘盈、盘亏有没有充分合理的解释，相应的会计处理是否已经授权批准，入账是否正确及时；监盘或抽查材料时，查明其中是否存在代他人保存的材料，寄存或置于他处的材料有无未进行账务处理的，这些材料在材料盘点表中的列示是否是正确的。

③检查材料采购。对于大额的采购业务，要追查其自订货到验收、入库全过程的合同、账簿记录，以确定其是否完整、正确，抽查有无购货折让、购货退回、损坏赔偿、掉项等事项。

④根据被审计单位存货计价方法，抽查年末结存量比较大的材料的计价是否正确。

⑤确认低值易耗品与固定资产的划分是否合理。

6. 对外投资

（1）对外投资的概念。高校通常将实物、货币、无形资产、资金等投资到其他单位或者校办产业中，这就是对外投资。高校进行对外投资的主要目的在于加快科研成果到生产力的转化进程，加快产业化的实现，为教育事业增加新的、更多的筹资渠道。根据国家法律法规的规定，以及投资方式的不同，高校主要有经营投资与债券投资两种投资形式。

高校的经营投资指的是与其他企业联合创办合作、合资的企业或出资兴办校办产业，这属于权益性投资。高校通过经营投资取得对被投资企业净资产相应份额的所有权，从而形成与被投资企业之间的所有权关系。在经营投资方式下，高校可以以投资者的身份参与被投资企业的经营活动，并承担相应的经营风险，享有利润分配权。

高校的债券投资是指通过购买债券的方式进行的投资，如购买国库券、国家重点建设债券、企业债券等，这属于债券投资。高校通过购买债券取得对债券发行单位的债权，债券发行单位则相应承担债务，则高校与发行单位之间即可形成债权债务关系。

（2）对外投资审计的内容。投资款项的发生和增减变化是否真实、合法、完整，有无对其进行可行性研究，相关审批程序的履行是否符合相关法律要求，是否按规定向有关国有资产管理部门和上级主管部门上报国有资产相关的对外投资并获得批准与备案，有没有按规定对无形资产或实物资产的对外投资进行资产评估，有没有责成专人或者相关部门管理、监督投资项目，有没有及时回收投资的收益与本金，是否存在投资损失或决策失误等问题，对投资及其收益的会计核算、处理是否合法、合规，是否建立了经济责任制。对外投资的管理和使用是否符合规定，内部控制制度是否健全、有效。确定对外投资所利用的货币资金、实物和无形资产是否是以不影响学校正常教学、科研等工作为前提，有没有报主管部门、国有资产管理部门和财政部门批准或备案，将非经营性资产转作经营性资产投资，有没有按照国家国有资产管理局颁发的《事业单位非经营性资产转经营性资产管理实施办法》中有关审批程序的规定办理。

（3）对外投资审计的步骤。

①编制或者获取对外投资明细表，将经营投资、债券投资列示出来，

核对总账、明细账是否与其相符。

②对对外投资入账基础进行检查，查明其是否与投资协议、合同中的规定相符，是否经过了规范、正确的会计处理。

③对投资收益进行检查，查明其核算过程与结果是否符合相关规定。

④检查年度内对外投资增减变动的原始凭证，追索其变动原因及批准手续。

⑤与被审计单位主管人员共同对库存有价证券进行盘点，编制相应的"库存有价证券盘点表"，将其中有价证券的票面价值、名称、取得成本、数量列明，并核对相关账户余额，如有差异则要查明造成差异的原因。

⑥检查有价证券购入、售出或兑现的原始凭证是否完整，会计处理是否正确。

⑦了解有价证券的可变现情况，并进行记录。

⑧对于在外保管的有价证券应查阅有关保管的证明文件，必要时向保管人员函证。

7. 固定资产

（1）固定资产的概念。固定资产指具有一年以上的使用年限，有超过一定规定标准的单位价值，在使用过程中物质形态与原来相比未发生改变的资产，如一般设备、建筑物、专用设备、房屋、陈列品、图书及文物等。高校的固定资产可以保持原有实物形态不变，供使用者在一定的时间内多次重复使用，为教学、行政管理、后勤、科研等活动的开展与进行提供必要的物质基础。

（2）固定资产审计的内容。财产物资是否进行了有效、真实且合法的增减、收发和使用，购置固定资产是否存在相应的审批手续与计划，有没有按规定对财产物资进行调出、保管、验收、报废、变卖、领用等并向相关部门上报备案、审批，是否存在损失浪费、被无偿占用或者流失等问题，有无建立集中采购制度和招标制度。会计核算与相关规定要求是否相符，有没有建设有效、完善的内部控制制度，有没有不定期或定期的对固定资产进行清理盘点，是否与账实完全相符，有没有对盘亏、盘盈进行及时的处理和调整。

（3）固定资产审计的步骤：

①获取或编制固定资产分类汇总表，与明细账、总账核对是否相符。

②检查当期增加的固定资产的计价是否正确，有没有经授权批准，并及时入账。

③检查当期减少的固定资产有没有经授权批准，并正确计价入账。

④对以分期付款购进融资租入（出）的固定资产，核对支付货款或租金以及有关费用是否符合合同规定，会计处理是否正确。

⑤检查是否存在已交付使用，但未办理竣工交付使用手续、未及时进行会计处理的项目。

8. 无形资产

（1）无形资产的概念。无形资产指的是没有实物形态但被长期使用的资产，如商誉、版权、专利权、非专利技术权、著作权、土地使用权。高校的无形资产虽不存在物质实体，但可以长期供学校使用并为学校带来一定的使用效益或者经济效益。然而，这些使用效益与经济效益的不确定性较强，难以变现，不具备足够强的资产流动性。

（2）无形资产审计的内容。有没有按照相关规定获得、核算和管理无形资产，有没有按照相关规定转让和评估无形资产，有没有合规、合法地处理各项收入，是否有完备、合法的各项手续。对于无形资产的计价和摊销有没有按规定进行核算。

（3）无形资产审计的步骤。

①获取或编制无形资产明细表，并与明细账、总账核对是否相符。

②获取有关文件、资料，检查无形资产的构成内容和计价依据。

③对于通过捐赠或购买渠道获取的所有无形资产进行检查，查明其价值与资产评估合同协议书或结果确认书等证明文件是否完全一致，检查是否有齐全、合法的获取程序。

④检查无形资产增减变动的原始凭证、会计处理是否正确。

⑤检查无形资产的摊派方法及其会计处理是否正确。

（二）负债审计

高校的负债指以货币计量，要承担的以劳务或资产进行偿还的债务。在高校的全部资产中，高校负债是归属于债权人的利益或权益，是高校应担负的对债权人的全部经济责任。高校负债主要包括应付及暂存款项、借入款、代管款项以及应缴款项等。

依据各类债务发生的不同原因，高校的负债大致可分为三类。第一类是因高校与主管部门或银行及其他金融机构发生单纯资金融通、借贷性质的货币资金收付而形成的债务，如高校的各类借入款。第二类是在高校与主管部门、其他单位或个人发生一定业务联系时，由于货币资金收付时间与业务活动实际完成时间不一致，而在资金结算过程中形成的债务，如各类应付及暂存款项、应缴款项等。第三类是因高校接受其他单位或个人委托，接受并管理委托单位或个人存放在学校的款项而形成的债务，如包括学生会、专业学会会费在内的各类代管款项。此类款项的所有权及使用权并不属于学校。如果委托单位或个人提出要求，高校有责任归还此类代管款项。负债审计主要审查几个方面：

（1）负债的存在与形成是否完整、真实且合法，是否对负债的计量方式或者确认标准随意进行了更改，是否存在负债多列、少列、虚列或者不列的行为。

（2）是否按照相关规定对应缴款项、应付及暂付款、代管款项等各种类型的负债进行了合规、合理的会计核算，对各项负债的处理是否在规定权限范围内。

（3）清理、结算各项负债有没有按照相关规定办理，是否在规定的期限内上缴或者归还了应缴款项，是否存在长期挂账的现象。

（4）是否存在利用过渡性的会计科目，如代管项目、应付及暂存项目等直接列收列支或者挂账隐瞒收支等问题。

1. 借入款

（1）借入款的概念。高校借入款是指向银行、财政部门、其他金融机构或者主管单位借入的有偿使用的各种款项，包括科研项目借款、周转金借款、世界银行贷款、科技开发贷款等。

（2）借入款审计的内容。借入款项的借入、偿还及计算的记录是否完整，是否执行了慎重稳妥的原则，借款利息是否执行了"谁使用，谁付费"的原则。

（3）借入款审计的步骤。

①获取或编制借入款项明细表，并与明细账、总账核对是否相符。

②必要时向银行或其他债权人函证①借款。

③检查本期增加借款的授权批准与对应合同，查明借款日期、利率、条件与详细的数额，同时检查相应的会计记录。

④查明本期减少的借款的原始凭证与对应的会计记录，对还款数额进行核实。

⑤检查是否存在借款到期未偿还问题，是否按程序办理了延期手续，并查明未偿还原因。

⑥对借款利息进行复核，查明其是否正确，是否有利息未计入，如若必要可进行适当调整。

⑦检查非本位币借款的汇率折算是否正确，汇兑损益是否按规定正确入账。

2. 应付票据

（1）应付票据的概念。高校的应付票据是指对外发生债务时所开出、承兑的商业汇票，包括银行承兑汇票和商业承兑汇票。应付票据通常因高校向外赊购商品、材料等而出具，也可以因为向银行借款而出具。

按照是否附带利息，应付票据可分为带息票据和不带息票据两种。带息票据是指在票据到期日除应偿还票据面值外，还应支付按票面利率计算所得的利息的应付票据，即这种票据的到期值等于面值加利息。不带息票据是指在票据到期日按照票据面值偿还的应付票据。

（2）应付票据审计的内容。查明应付票据是否有完整的发生记录和偿还记录，查明应付利息有没有有进行正确的计算，查明应付票据是否有正确的年末余额。

---

① 函证是指注册会计师为了获取影响财务报表或相关披露认定的项目的信息，通过直接来自第三方对有关信息和现存状况的声明，获取和评价审计证据的过程，如对应收账款余额或银行存款的函证。函证是注册会计师获取审计证据的重要审计程序，多用于执行审计和验资业务。通过函证获取的证据可靠性较高，因此函证是受到高度重视并经常被使用的一种重要程序。

（3）应付票据审计的步骤。

①编制或者获取应付票据明细表，按照编号、出票日期、到期日、种类、面额、利率、增减变动、收款人名称、抵押品及付息条件等列示票据，并将其与明细账、总账余额核对是否相符。

②对于金额大的应付票据，向持票人发函询证，确定应付票据余额是否正确。

③复核应付利息的计算是否正确，其会计处理是否正确。

④检查逾期未付票据出现的原因，如有抵押品，应进行记录，并提请被审计单位进行必要的披露。

3. 应付及暂存款

（1）应付及暂存款的概念。高校的应付及暂存款是指在日常结算过程中，因未及时与其他单位或个人结清有关债务而形成的负债。应付款是指高校应当支付而尚未支付的各种款项，如高校在购买商品或接受劳务供应时，应支付而未支付给供货单位的货款，应付而未付的劳务报酬等。暂存款项是指高校已经收到但尚未结算的有关款项，如高校从职工工资中扣缴的房租，在尚未支付给房管部门前就是暂存款项。

（2）应付及暂存款审计的内容。确定应付及暂存款的发生及偿还记录是否完整；确定应付及暂存款年末余额是否正确。

（3）应付及暂存款审计的步骤。

①获取或编制应付及暂存款明细表，并与明细账、总账核对是否相符。

②选择应付及暂存款的重要项目（包括零账户）、长期挂账账户、可疑账户进行函证，核对其余额的正确性。

③基于应付及暂存款相关重要项目，确定债务的真实性；检查决算日后应付及暂存款明细账及银行日记账，核实其是否已支付；检查该笔债务的相关凭证资料，核实交易事项的真实性。

④检查是否存在未入账的应付及暂存款。

⑤检查应付及暂存款的借方余额产生的原因，以确定其性质及借方余额的可收回性，并考虑是否重新进行分类。

⑥检查应付及暂存款长期挂账的原因，注意可能发生呆账的收益，必要时予以调整。

⑦检查非记账本位币折合记账本位币所采用的折算汇率，折算差额是否按规定进行会计处理。

4. 应缴财政专户款

（1）应缴财政专户的概念。高校的应缴财政专户款是指按规定收取的应缴财政专户的预算外资金。根据国务院 1996 年颁布的《关于加强预算外资金管理的决定》的规定，预算外资金是指"国家机关、事业单位和社会团体为履行或代行政府职能，依据国家法律、法规和具有法律效力的规章而收取、提取和安排使用的未纳入国家预算管理的各项财政性资金"。另根据财政部有关文件的规定，中央各部直属高校的预算外资金主要是指向学生收取的学费、住宿费、委托培养费等。

（2）应缴财政专户款审计的内容。确定应缴财政专户款的记录是否完整、准确；确定应缴财政专户款年末余额是否正确；审核预算外资金有没有执行"收支两条线"。

（3）应缴财政专户款审计的步骤。

①获取或编制应缴财政专户款明细表，并与明细账、总账核对是否相符。

②检查应缴财政专户款的计算是否正确，是否按规定进行了会计处理。

③核对已缴财政专户款与财政部门的认定数是否一致，如有差额，查明原因做记录，必要时进行适当调整。

④检查本年度应缴财政专户款年末余额是否正确。

5. 应交税金

（1）应交税金的概念。高校的应交税金是指按税法规定，应向税务部门交纳的各类税金，特别是指高校因从事经营活动而应交纳的增值税、营业税、企业所得税、城市维护建设税、土地增值税等。增值税是对销售货物或者提供加工、修理修配劳务以及进口货物的单位和个人，就其实现的增值额征收的一种流转税。营业税是对在中国境内提供应税劳动、转让无形资产或销售不动产的单位和个人，就其所得的营业额征收的一种税；企业所得税是指对境内企业（外商投资企业和外国企业除外）就其生产、经营所得和其他所得依法征收的一种税；城市维护建设税是指对缴纳增值税、消费税、营业税的单位和个人，以其实际缴纳的"三税"税额为计税依据而征收的一种税；土地增值税是指对转让土地使用权、地上建筑物及其附着物并取得收入的单位和个人，就其转让房地产所取得的增值额征收的一种税。

（2）应交税金审计的内容。确定应交和已缴纳税金的记录是否完整、准确；确定未交税金年末余额是否正确。

（3）应交税金审计的步骤。

①查阅客户的纳税鉴定或纳税通知及征、免、减税的批准文件，掌握客户适用的税种及征、免、减税的范围与期限，确定其年度内应纳税的内容。

②获取或编制未交税金明细表，并与明细账、总账余额核对是否相符。

③各类税种的检查。

其一，增值税。检查增值税税率运用是否正确，有否扩大低税率的适用范围；增值税税率有变动的货物，有没有按税率变动的规定正确计算纳税；销售货物涉及两种税率的，审核有没有分开核算，并分别按两种税率计算缴纳增值税。进项税额的审查：审定与增值税进项税额相关的账户，根据得出的相关数据，对国内接受应税劳务、进口货物、购进的免税农产品、采购货物、接受捐赠或投资等应交的进项税额进行复核，查明其会计处理是否符合相关规定。销项税额的审查：审查与增值税销项税额相关的账户，查明相关数据，对各类存货的销项税额进行复核，其中包括用于销售的、无偿馈赠他人的、投资的、分配给股东的以及用于应税项目中委托加工或者自产的产品等，查明各项销项税额的计算是否正确，其会计处理是否符合相关规定。进项税额转出的审查：审计与增值税进项税额转出相关的账户，获取相关数据，进而对各项进项税额转出数进行核算，查明计算是否正确，会计处理是否符合规定。

其二，营业税。根据应税营业额和适用税率，复核计算应交营业税，检查"营业税金及附加"（不同行业科目名称不同）及"应交税金—应交营业税"账户，并与纳税申报表核对验证营业税的计算是否正确，有没有按规定进行会计处理。

其三，企业所得税。根据决算日"本年利润"账户余额与审计后有关项目应调整的应税所得额，查明应交税所得额，并结合企业所得税的税率，对应交企业所得税进行复核计算，查明其是否正确，会计处理是否符合相关规定。

其四，城市维护建设税。根据应缴纳的增值税、营业税额，按所在地区的适用税率计算复核应纳城市维护建设税是否正确，是否按规定进行了会计处理。

其五，土地增值税。根据审定的土地使用权及地上建筑物和其他附着物的转让收入与规定的扣除项目金额，确定房地产转让增值税，并与有关明细账核对。

根据房地产转让增值税和扣除项目金额按适用税率对应交土地增值税进行复核计算，查明其是否正确，会计处理是否符合相关规定。

6.代管款项

（1）代管款项的概念。高校的代管款项是指接受个人或其他单位委托的各类款项进行代为管理，其中包括工会会费、团费、党费、"挂靠"学校的各类专业协会、学生会会费、学会的款项。学校不具备这类款项的使用权和所有权，这两项权利归属于其他单位、团体或个人。

（2）代管款项审计的内容。确定代管款项的记录是否完整；确定代管款项年末余额是否正确。

（3）代管款项审计的步骤。

①获取或编制代管款项明细表，并与明细账、总账核对是否相符。

②检查代管款项收支的合法性。

③检查代管款项的范围，是否存在应归学校所有或使用的资金。

**（三）净资产审计**

高校的净资产是指资产减去负债之后的差额，也是国家或有关方面为兴办、维持或发展高等教育事业而建立的以价值量表现的物质基础的来源。

根据净资产的用途有无限制，高校的净资产可以分为有限定用途的净资产和无限定用途的净资产。有限定用途的净资产包括专用基金和固定基金。其中，专用基金是指按规定提取、设置的有专门用途的资金；固定基金则是指固定资产所占的基金，它实际上是"物化"了的资金，高校已经不能再将此项基金用于日常的收支。高校无限定用途的净资产包括事业基金、事业结余、经营结余等。其中，事业基金是指高校拥有的非限定用途的净资产，主要包括滚存结余资金。事业结余和经营结余是指高校在一定会计期间，各项事业收支与经营收支相抵后的余额。对于无限定用途的净资产，高校可自主分配，安排使用。

净资产审计包括：

（1）净资产的存在、发生是否真实、合法、完整，有无随意调整收支配比余额（"+"结余，"—"赤字），即事业结余（赤字）和经营结余（亏损）的计算方法、分配方法。是否存在隐瞒固定基金、事业基金以及专用基金的增减变化或余额，甚至编造虚假事业的情况，是否正确地计算了收支差额与财务结果，是否随意对净资产的计量方法与确认标准进行了更改，是否存在资产多列、少列、虚列或者不列的行为。

（2）是否对各项结余进行了合规、合理的分类，有没有将经营收支的结余单独反映出来，是否按照相关规定进行了会计处理与核算。结余分配和比例与国家的相关规定是否相符，有没有少提或多提职工福利基金等。

1. 事业基金

（1）事业基金的概念。

高校的事业基金是指有非限定用途的净资产，它是高校净资产的重要组成部分。

（2）事业基金审计的内容。确定事业基金的增减变动是否真实、完整；确定事业基金年末余额是否正确。有没有合规、合理地分类、设置、增减变化、结余专用基金和事业基金，是否按照相关规定进行了会计处理与核算，其使用有无按照规定用途严格执行，产生了怎样的使用效益，是否存在虚列、挪用或者挤占的行为。事业基金以及修购基金、职工福利基金、学生奖贷基金和勤工助学基金、留本基金等各项专用基金的计入、提取及比例是否符合国家的有关规定，有没有及时足额到位。

（3）事业基金审计的步骤。

①获取或编制事业基金明细表，并与明细账、总账核对是否相符。

②检查事业基金各明细项目的增减是否符合有关规定。

③检查事业基金中按收入提取的比例是否符合有关规定。

④检查事业基金年末余额调整是否符合有关规定。

2. 固定基金

（1）固定基金的概念。高校的固定基金是指因购入、自制、调入、融资租入①、接受捐赠及盘盈固定资产所形成的基金，它是高校净资产的重要组成部分。与固定基金相对应的是高校的固定资产，而固定资产是完成教育和科研任务所必不可少的物质基础。固定基金因固定资产的增加而增加，因固定资产的减少而减少。由于固定资产使用时间较长，且其实物形态在使用过程中基本保持不变，所以固定基金占用期较长，基金消耗速度缓慢。高校的固定基金主要来源于国家基建拨款、专项经费拨款、专用基金转入，以及新会计制度施行前高校拥有的固定资产基金。

（2）固定基金审计的内容。固定基金的设置、分类、结余、增减变化是否合理、合规，会计核算与处理是否符合规定，有没有严格按规定用途使用，使用效益如何，有无挤占或挪用、虚列的行为。固定基金的计入、提取及比例是否符合国家的有关规定，有没有及时足额到位。

（3）固定基金审计的步骤。

①获取或编制固定基金明细表，并与明细账、总账核对相符。

②检查固定基金的增减是否与固定资产的增减相符。

③检查固定基金的增减是否符合规定。

④检查固定基金的调整是否符合规定。

3. 专用基金

（1）专用基金的概念。高校的专用基金是指按财政部门或上级主管部门等有关规定，提取、设置的具有专门用途的资金。根据《高校会计制度（试行）》中的有关规定，高校的专用基金主要包括修购基金、职工

---

① 企业采用融资租赁方式租入固定资产，由于在租赁期里承租企业实质上获得了该资产所提供的主要经济利益，同时承担了与资产有关的风险。因此，承租企业应将融资租入资产当作一项固定资产计价入账，同时确认相应的负债，并且要计提固定资产折旧。

福利基金、学生奖贷基金、勤工助学基金、留本基金、住房基金以及其他专用基金等。

其中，修购基金指按照经营收入和事业收入的一定比例进行提取，在设备购置费和修缮费中列支（各占 50%），再按照其他规定转入，最终用于购置和维修高校固定资产的资金。

高校的职工福利基金是指按照经营结余的一定比例提取，并按其他规定提取转入所形成的专用基金。它主要用于集体福利事业、文化生活设施、职工困难补助等方面的开支。

高校的学生奖贷基金主要用于支付优秀学生奖学金、支付学生定期或临时贷款、支付学生临时发生的特殊困难补助等。勤工助学基金专门在校内勤工助学活动中用于支付学生的劳动报酬。

高校的留本基金是指当外单位或个人向高校捐款，并要求只有捐款产生的利息收入才是学校可以使用的部分时，捐赠款项就变成了留本基金。留本基金只能用于对外投资，以取得利息收入，而且学校需按捐款人意愿使用留本基金的利息收入，不能随意动用。

高校的住房基金指的是学校从房改经费拨款、出售公房等获取的专用基金。住房基金主要用于建设高校职工住房和为教职工发放购房或住房补贴。

高校的其他专项基金是指除上述基金以外的，经上级主管部门批准设立的，具有专门用途的基金。

（2）专用基金审计的内容。是否对专用基金进行了合规、合理的分类、设置、增减和结余处理，是否按照相关规定进行了会计处理与结算，是否对其使用效益等进行了严格规定，是否存在虚列、挪用或者挤占的行为。对包括事业基金、职工福利基金、勤工助学基金、修购基金、留本基金、学生奖贷基金等在内的各项专用基金是否按照国家相关规定进行了提取、计入等，同时其是否足额、及时到位。

（3）专用基金审计的步骤。

①获取或编制专用基金各项目明细表，并与明细账、总账核对是否相符。

②检查专用基金在相关收入中提取的比例以及按其他规定转入是否符合规定，账务处理是否正确。

③检查专用基金各明细项目是否互相占用和挪用。

④检查专用基金各明细项目的使用范围是否准确。

⑤检查专用基金减少数是否符合有关规定，会计处理是否正确。

4. 结余及分配

（1）结余及分配的概念。高校科研及教育活动同非独立核算的经营活动，所产生的支出与收入必须一一对应，在某一会计期间内收支相抵后的差额就是高校在该会计期间的结余。它包括事业收支相抵形成的事业结余和经营收支相抵所形成的经营结余。

高校开展科研、教学等专业业务活动，及各项与之相关的辅助活动后，产生的结余就是高校的事业结余。其来源主要有两个，一是高校在一定期间除经营收支和未完专项教学、科研项目收支外各项收支相抵的余额；二是已完专项教学、科研项目的收支结余。当事业支出小于事业收入时，收支差额就是高校在当年获得的事业结余。反之，收支差额就表现为当年事业支出大于事业收入的差额。

高校的经营结余指的是从事非独立核算经营活动，在一定的时间内取得的结果，换言之，指在一定期间，高校从事非独立核算经营活动所产生的经营支出与所获得的经营收入相抵后形成的差额。当经营支出小于经营收入时，高校就获得了与差额等值的经营结余；反之，经营支出超过了经营收入，就说明高校在当年产生了与差额等值的经营亏损。

根据《高等学校财务制度》的规定，高校的事业结余不能用于分配而应全额转入事业基金，同时高校根据相关的方法与程序，处理和转结经营结余，即经营结余分配。

（2）结余及分配审计的内容。有没有按照规定合规、合理地将事业结余全额转入事业基金中，是否按规定进行了会计处理与核算；是否以合规、合理的方式获得了经营结余，有没有按相关规定分配、结转经营结余，相关专用基金的提取是否符合规定，最后的余额有无合规、合理地全部转入事业基金。

（3）结余及分配审计的步骤。

①检查结转事业结余时，是否符合有关规定；获取或编制经营结余各项目明细表，并与明细账、总账核对是否相符。

②结转已完专项项目收支相抵后的结余时，是否符合有关规定；检查结转经营结余是否符合有关规定；检查结余分配方式是否符合有关规定。

③检查年末事业结余是否按规定全部结转；检查经营结余年末余额是否正确，是否按规定进行了结转。

**（四）收入审计**

1. 收入审计的内容

（1）应当纳入学校预算管理的，如事业收入、财政补助收入、附属单位上缴收入、上级补助收入、经营收入与其他收入等各项收入，有否全部纳入学校一级财务，受到统一的核算与管理。

（2）科研经费、教育经费等各项财政补助收入的实际拨入情况。

（3）学校各部门是否根据预算目标积极地开展了组织收入活动，是否将应纳入预算管理的各项收入足额、及时地上缴到了学校的财务部门进行统一管理，是否存在挪用、隐瞒、设置"小金库""账外账"、截留等问题。

（4）学校有没有按照主观部门的相关规定及国家的相关政策组织各项收入。有没有按照国家物价部门规定的标准与范围严格执行各项收费，是否存在乱收费现象，如擅自提高收费标准、扩大收费范围、设立收费项目等；是否使用了财政部门规定使用的统一的票据进行收费，是否存在不开票据就收费的问题；"收支两条线"①的规定有无严格执行，应缴财政专户资金是否存在直接"坐支"的问题。

（5）是否存在利用"预收账款""应付账款"及"其他应付款"等具有过渡性质的会计科目直接列支列收或者挂账隐瞒收入等问题。

（6）是否对各项收入进行了正确的会计核算；是否对其中的经营支出与经营收入进行了配比核算。

2. 收入审计的步骤

（1）取得收入预算和收入决算明细表，并与明细账、总账核对是否相符。

---

① 收支两条线是指中央对地方年度预算采取收支脱钩，分别计算收入留解比例和支出指标的办法。这种办法有两种形式：一种是高度集权的统收统支办法；一种是下放财权的收支分别包干办法。实行后一种办法，地方对中央下达的收入、支出任务采取收支脱钩，分别包干。包干期可以是一年或若干年。

（2）将本年度的各项实际收入与预算收入进行比较，分析预算执行情况；与上年度的收入进行比较，分析预算执行情况；与上年度的收入进行对比，同时对收费标准与收入结构进行分析，查明其是否正常；对收入预算执行变动和产生差异的原因进行分析。

（3）对应纳入预算管理中的包括上级补助收入、附属单位上缴收入、经营收入、财政补助收入、事业收入与其他收入等在内的各项收入进行检查，查明其是否被纳入了学校预算，是否受到了统一的核算与管理；了解是否核算了收入中的支出项，并确定其是否符合大收大支的规定。

（4）检查财政拨款到账数与上级拨款通知所列数是否一致。

（5）检查各项收入有无及时、足额到位，是否存在挪用、隐瞒、拖欠、截留等问题，是否存在"小金库""账外账"等。

（6）对各项收入进行检查，查明其是否与上级主管部门及国家相关政策规定相符，其执行的收费标准与范围是否与国家相关规定相符，是否存在乱集资、乱收费等问题，如擅自提高收费标准、扩大收费范围以及设立收费项目等；有否按照相关规定在"应缴财政专户款"科目将预算外收入及时、足额地列收；学生退费手续是否符合规定，是否按规定进行了会计处理。

（7）抽查科研事业收入的原始凭证，并与经济合同进行核对，确定科研协作收入转出的真实性及收入是否完整。

（8）抽查经营收入的原始凭证（发票、运货单据），并追查至记账凭证及明细账，确定收入是否真实、记录是否完整。

（9）检查附属单位缴款内容是否符合规定，有无将学校代垫的费用纳入本科目核算，收入是否完整、真实。

（10）检查以外币结算的收入折算方法是否正确，验明各项收入是否在收入预算和收入决算报表上恰当披露。

**（五）支出审计**

1.支出审计的内容

（1）包括经营支出、上缴上级支出、补助附属单位支出、事业支出、自筹基本建设支出等在内的各项支出的经费拨付与各项开支是否按照支出预算严格执行，是否存在无预算开支或超预算开支等问题。

（2）涉及公用支出、补助家庭或个人的支出、人员支出等在内的各项基本支出的开支标准与范围的规定有没有按照上级主管部门及国家相关财务规章制度中的各项要求严格执行；是否存在以领代报、虚列支出及其他违纪违规的问题；是否有齐全、合规的相关报账手续。

（3）是否按预算严格执行了项目支出，有没有做到专款专用；是否存在损失浪费、随意挪用以及其他违纪违法问题。其中，采购设备与修缮工程项目的招标和审批有无按照规定进行，设备价格与工程预算是否合理。

（4）长期将"其他应收款""应收账款"以及"预付账款"等会计科目进行支出挂账或者直接列收列支的现象是否存在。

（5）是否对各项支出进行了合规的会计核算，是否有正确的界限划分。其中的经营收入与支出是否进行了配比核算。

2. 支出审计的步骤

（1）取得预算支出和支出决算明细表，复核其加计是否准确，并与明细账、总账核对。

（2）将本年度的各项支出与预算进行比较，分析预算执行情况；与上年度的支出进行比较，分析支出结构和开支标准是否正常；分析支出预算执行差异及变动的原因；按配比原则，检查年度支出与收入配比的合理性，了解有无异常现象并查明原因。

（3）检查应当纳入预算管理的各项支出，包括事业支出、经营支出、自筹基本建设支出、对附属单位的补助支出等是否纳入学校预算，实行统一管理、统一核算；有无无预算、超预算的支出。

（4）检查各项支出是否严格执行了国家和上级主管部门有关财务规章制度规定的开支范围和开支标准；提取的修购基金、职工福利费、社会保障费、工会经费等实行专项管理的经费是否符合规定；有无支出在收入中列支，有无以领代报、以拨作支、以预算数或计划数列报事业支出、虚报虚列、违反规定发放钱物和其他违纪违规问题。

（5）检查各项支出的会计核算是否合规，有无账实不符、各开支渠道相互混淆等问题；有无利用过渡性科目隐瞒支出或直接列支等问题；有无损失浪费等问题。

（6）检查对已经列作事业支出又收回的款项的账务处理是否符合规定，包括发工资时收的水电费、流动资产的盘盈或材料变价收入有否按规定冲当年的事业支出；学校代垫附属单位的费用是否及时、足额到位。

（7）抽查会计记账凭证，检查各项支出是否取得了合法的原始凭证，是否符合要求，手续完备；对固定资产和材料采购要实地抽盘，要进行账账、账实核对，确定支出是否真实、记录是否完整。

（8）检查以外币结算的支出的折算方法是否正确，各项支出有否在支出预算和支出决算报表上披露。

**（六）会计报表审计**

1. 会计报表的概念

高校会计报表是根据日常会计核算资料，按照一定的会计指标体系及规定的格式和编制方法，通过分类、整理、计算、汇总等一系列会计处理程序进行加工编制而成的，能较为全面、系统、综合地反映高校一定时期的财务状况、收入支出情况以及净资产变动情况等会计信息的总结性书面文件，是会计核算工作的最终成果。

高校在日常会计核算工作中，通过记账、算账等工作，把各项经济业务分门别类地登记在账簿中。通过账簿记录能够具体详细地了解高校各个账户日常经济活动和财务收支及变化情况的核算资料，它比会计凭证所反映情况更加系统。但对于整个高校的财务状况和收支情况，它仍然只是部分的、分散的，无法全面完整而系统地揭示和反映其财务状况及收支情况。所以，需要在日常会计核算的基础上，对账簿记录的资料按照对外报告的要求，进一步分类、整理、计算和汇总，编制成能够反映整个高校财务状况和收支情况等财务信息的会计报表。

高校编制会计报表的目的是向各级财政部门、教育主管部门、其他有关单位或个人，以及学校内部管理层提供一定时期内财务状况、经费收支情况的会计信息，以便有关各方合理地进行经济决策或采取适当的管理措施。

高校的会计报表可按报表所反映的经济内容、报送对象、编制时间等不同的标准进行分类。按会计报表所反映的经济内容分类，《高校会计制度》所规定的会计报表可分为：①反映某一特定时点财务状况的资产负债表；②反映一定时期内收、支、余情况的收入支出表；③反映支出构成情况的支出明细表。这些报表在内容上相互联系、相互补充，通过反映高校各种经济信息，构成会计报表体系。

按会计报表指标所体现的状态分类，高校的会计报表可分为：①反映某一特定日期（或时点）财务状况的静态会计报表，如资产负债表；②反映某一特定时期或两个特定时点之间财务状况变化情况的动态会计报表，如收入支出表、支出明细表等。从静态会计报表与动态会计报表所反映的信息关系看，前者反映高校财务状况发生变化的结果，而后者则反映高校的财务状况变化过程及其原因。

按会计报表报送的对象分类，会计报表分为对内与对外会计报表两大类。《高校会计制度》就按此分类方法将高校的会计报表分为两大类：一类为对外报送的报表，另一类为高校用于内部管理的报表。对外报送的会计报表是指学校按会计制度规定的统一格式与要求，对学校外部有关单位报送的报表。对外报送的会计报表又可分为按会计主体定期向外报送的会计报表和按指定项目和用途向外报送的会计报表。用于学校内部管理的会计报表是指根据管理需要，由学校自行规定格式及内容的会计报表，如分析预算执行情况的报表、分析学校财务状况的明细表、分析内部各管理部门管理绩效的报表，以及分析学生培养成本的报表等。

按会计报表指标编报期间分类，会计报表分为月度报表、季度报表和年度决算报表，它们分别用于反映高校不同报告期的财务状况及其变动情况。其中，年度决算报表是最能全面、完整、系统地反映高校财务状况及其变化情况的会计报表。

2. 会计报表审计的内容

（1）会计报表是否登记完整、计算准确、内容完整。

（2）会计年度内发生的各项经济业务是否全部纳入财务统一核算和管理，会计核算是否符合《会计法》和高校财务制度、会计制度的规定。

（3）有否定期核对会计账簿记录与款项（有价证券、资金货币等）、实物的资料与相关报表，查明其中有无不相符的账表、账账以及账实。

（4）是否在前后采用了同一种会计处理办法，是否随意进行了更改，如有必要确需变更，有否在年度决算报表中将变更的情况、原因及产生的影响详细反映出来。

（5）年度财务决算报告编制的方法、时限、程序、原则与上级主管部门提出的编制要求、会计制度及财务制度的相关规定是否相符，报表是否齐全，内容是否完整，财务决算报告及其反映的经济活动是否真实、合法、有效，能否如实、正确、完整地反映单位年度末财务状况和年度收支结果。

（6）会计报表指标分析是否准确、真实地记录了收入预算完成率、经费自给率、公用支出与人员支出分别在事业支出中占据的比率、生均支出增减率、支出预算完成率、资产负债率、其他财务指标等，是否能将学校实际的收支结果、财务状况、事业发展情况恰当地反映出来。

3. 会计报表审计的步骤

（1）审查财务决算报表是否完整，并进行复核性检查。具体检查内容包括：

①财务决算报表是否齐全，是否符合上级主管部门的统一要求。

②每张报表中是否正确完整地填列了内容。是否齐全地填列了所有项目，表内的各个项目之间是否存在正确的数据钩稽关系，是否填列了应当填写的"报表附注"。

③对应报表之间的数据钩稽关系是否正确。

④是否有年度财务情况说明（文字部分）。

⑤有否按有关规定签名盖章。

（2）填列的报表项目数据与对应账户的发生额或余额经核对是否一致，是否做到了表、账一致，逐一核对报表中列出的项目与会计账簿。

（3）对报表项目内容的真实性进行检查验证。

①应对支出、收入类项目使用预算执行审计成果进行分析性复核。

②查明报表填列数与各项资产的实有数是否相符，其中包括：现场对有价证券、现金进行监督盘点；对银行对账单与银行日记账的年末余额数进行核对；对固定资产进行抽查监盘；对各种存货进行抽查监盘；通过函证等方式证明大额债权（包括预付账款与应收账款）；验证实有票据与应收票据的账面余额是否一致；查明学校拥有的知识产权、拥有的专有技术、科研取得的各项专利有没有在会计账簿和决算报表中被正确地反映出来；对已处理的固定资产以及其他材料物资对应的各项审批资

料文件进行审查，查明是否存在与相关政策、法规不符的；查明各类资产账户是否有正确的记录；查明是否存在已做担保或抵押的财产。

③对各类负债验证真实性，对相关的账户记录进行审查。包括：查明有关借（贷）款协议合同与借入款项的记录是否一致；实有票据有无与之相符的应付票据账面余额；预收账款、应付账款等是否有正确的记录和完备的手续；有没有按照相关规定对应缴财政专户款进行清缴，若有余额则须查明是否合规；有没有正确计算出应交税金，是否存在漏税问题；有否将已发生的债务全部入账；大额资金有否合法借入和使用。

④对形成各项净资产的过程进行审查，并分别进行验算。包括：对事业基金、与之有关的经营结余、事业结余及结余分配等相关会计凭证和账户记录进行检查，对其结转计算的过程进行复核；对专用基金、与之相关的经营结余、事业结余及结余分配等的相关会计凭证和账户记录进行审查，对其计提和取得的结转计算过程进行复核；对经营结余、与其相关的会计凭证与相关账户记录进行审查。

⑤复核有关财务分析指标。

# 第三节　高校预算执行与决算审计的方法

## 一、审查书面资料的方法

不同的审计目标要求选用不同的审计方法，但有些方法在任何审计中都会经常得到使用，这就是常用审计方法。常用审计方法可分为一般方法和具体方法两类。

### （一）一般方法

审计的一般方法包括两组相互对应的概念，即顺查法与逆查法，详查法与抽查法。前者是对审计顺序而言，后者是对审查范围大小而言。

1.顺查法与逆查法

审计人员应先确定审查会计资料的顺序。顺查法与逆查法就是按照审计人员取证顺序与会计记账程序的关系而区分的。

（1）顺查法。顺查法是按照财务预算执行中记账程序的先后顺序，从起点到终点依次调查审计的方法。审查会计资料可根据会计核算程序中现有的先后顺序，依次完成对凭证、账簿及报表的审核、分析。详细的做法为：首先对原始凭证进行审查，其次对记账凭证进行审查，再次对账簿进行审查，最后对会计报表进行审查。通过核对账证、账账、账表，可将经济业务中潜藏的问题查出来。简便易行是这种方法最主要的一项优点，由于使用这种方法可以按照记账的程序仔细地进行逐一核对，可以对其内容进行详细审计，所以通常情况下可以毫无遗漏地找出账务上的所有弊端和错误，得出比较可靠的审计结果。其缺点是同等对待一应大小事物，难以把握主次方向和工作重点，且机械核对证、账、表的形式费力也费时，很可能导致因小失大，造成审计工作效率低下问题。实际当中，这种方法大多用于业务较少、规模不大、存在问题较多、凭证较少的被审计单位。

（2）逆查法。这种方法指按照与财务预算执行中使用的记账程序顺序朝相反的方向审查的方法。这种方法可以用与会计核算程序次序相反的方式进行审计，先对会计报表和各个项目进行分析审查，从中找出弊病和错误，之后再对明细账与总账进行有针对性的核对，进而再对原始凭证与记账凭证进行审查。

审计面宽，从大处着手，具有明确的审查目的和重点，容易尽快查清其中的主要问题，有较高的审计效率是这种审查方法的显著优势。然而，这种方法对报表着重进行分析审查，并将之作为重点对账目进行逆查，可能导致某些更重要的问题被疏忽或遗漏，导致其中的错漏、弊病难以被揭露出来。另外，逆查法与顺查法相比难度更大，通常要求审计人员要有较高的业务素质。因此，这种方法主要适用于业务规模较大的被审计单位。

顺查法与逆查法有不同的侧重之处，各有利弊，都有比较实用的审计功能，可以将两种方法结合起来在实际的工作中灵活运用，采用顺查法时，可兼用逆查法审查其中的重要事项，以免遗漏；实用逆查法时，也可以兼用顺查法对需要详细了解的局部部分进行详细查核。

2.详查法和抽查法

对于所要审查的会计资料，审计人员应根据具体情况确定审查范围，详查法与抽查法就是根据审查范围大小来区分的。

（1）详查法。这是一种全面审查财务预算期间被审计单位发现的所有与审计目标相关的账表、凭证等资料的方法。使用这种审查方法通常可以完整地收集到所有证实审计目标的证据，为审计结论的最终形成提供可靠、充分的依据，能够使审计工作的质量得到最大程度的保障。但是，使用详查法进行审计需要面对很大的工作量，费力且费时，必须要有充足的审计时间，同时进行合理的人员安排，因此这种方法的使用有很大的限制，通常用于业务较单一、规模较小的被审计单位，或者用于审计严重违反财经法规或重大贪污盗窃事项的审计工作中。这种方法在早期的财务审计中比较常用。

（2）抽查法。这是一种抽取审查被审单位中被审计对象总体中的一部分项目，且通过审查结果可以对审计对象总体是否存在弊端和错误进行推断的方法。这种方法的基本特点为：分析和判断审计目的与审计对象的实际情况，选取相对重要的、具有一定代表性的项目用作审计的样本，或者随机在被审查资料中抽取部分样本，再根据样本审查结果对总体的正确性进行推断，或者对剩下的未抽取审查的部分进行推断，判断其是否存在错弊。使用这种方法进行审查，如经抽查后未发现任何问题，则无须继续审查其余部分。反之，如果发现抽查部分存在较多的问题，则应结合实际情况，将抽查规模适当扩大，从而查清问题。这种方法省时省力省事，还具有费用低、效率高的优点。财务预算执行与决算审计由于面广、量大，所以常采用此方法。但抽查法具有一定的风险性，如果选择的样本缺乏代表性或不恰当，往往难以通过抽查结果了解总体的情况，甚至导致以偏概全，得出错误结论。尤其在面对发生频率较低的舞弊行为时，其局限性很大。通常认为，这种方法适用于业务多，规模大，会计基础工作和内部控制制度良好，且建设有较为健全的组织机构的被审计单位，否则不适用。抽取样本是抽查法的关键，因此抽查法也被称作抽样审计法。此法多用于现代审计。

抽查法可细化为三类：任意抽样法、判断抽样法以及统计抽样法。

①任意抽样法，指审计人员随意抽取并审计被审计对象总体中的一部分的审计方法。抽查只是为了使审计人员面对更少的工作量。选取什么经济活动、哪些内容、多少样本、多少内容、什么经济资料等都没有一定的依据和规律，审计人员无序抽查审计。因此，所获得的审计证据有时会具有极大的任意性和偶然性，具有很大的风险。

②判断抽样法，也被叫作重点抽查法，审计人员先要明确被审单位内部是否有完备的控制制度、审计目的及需要的证据，依靠丰富的审计经验，有重点、有选择地审计被审对象总体中的部分内容，并根据得出的审计结果推断总体。这也是财务预算执行与决算审计常用的方法。这种方法具有针对性强，重点突出的特点，但难以判定抽查所得的结果是否有效。这一抽查法对审计人员的素质也有着较为严格的要求。

③统计抽样法，也被叫作树立抽查法，指审计人员依据概率论的原理，坚持随机的原则，抽取审计总体中一定数量的内容，将其当作样本执行严格的审计工作，再通过得出的样本结果对总体的特征进行推断。这种方法主要有三个特点：一是以概率论的原理为依据进行抽样调查，大大减少了对审计人员判断能力和经验的依赖性，样本规模主要取决于审计总体原本具备的数量因素；二是样本的选择不再以人为选择为重点，依据随机选择的原则，使被审项目各部分获得了同样多的被抽样选择的机会；三是通过随机取样审计结果对总体特征进行推断，具有较高的合理性和科学性。统计抽样法主要用于两种情况：一是符合性测试。以此方法估算总体特征的发生率，叫作属性抽样。二是实质性测试。用于对总体数额之间的差异值进行估算，叫作变量抽样。

使用抽查法进行审查，具有重点明确的显著优势，只要选对了目标，就可以省力、省时、事半功倍地统计出结果，但如果选择的对象缺乏代表性或者目标不当，则难以发现其中存在的问题，导致审计结果出现偏差。抽查法在财经法纪审计与财务收支审计中的效用常常不如详查法，具有明显的局限性。因此，在实际审计工作中，这种方法通常与其他审计方法配合使用。

（二）具体方法

所谓具体方法，是审计人员根据审计目标，收集、鉴定和综合证据的方法。依据审查书面资料介绍的各种技术可将其分为核对法、审阅法、复算法、比较法、分析法。

1. 核对法

核对法，是通过对会计资料复核对照取得证据的办法，使用这种办法可以核对以下资料。

（1）记账凭证及其汇总（或者科目汇总表）、原始凭证及其汇总、原始凭证以及其他相关原始凭证。核对有无数量齐全的内容所附凭证及其他相关原始凭证，在记账凭证中记录的金额、会计科目是否与业务、日期、金额、内容相符，记账凭证、原始凭证是否与汇总记账凭证中记录的内容一致。

（2）账簿与凭证。凭证中记载的明细科目、日期、金额、会计科目是否与账簿所记录的内容完全相同；汇总记账凭证（或者科目汇总表）中的金额、账户、方向等记录是否完全符合记入总账的内容。

（3）明细账对照总分类账。主要对本期发生额、期初余额及期末余额进行核对，查看其是否一致。

（4）账簿与报表。依据明细账或者总账中记录的本期发生余额或者期末余额，对有关报表项目与账户记录一一进行核对，调查是否一致。

（5）报表和报表。依据所编制规定与相关制度对所有报表进行核对，调查报表之间有无正确的对应关系。

除上述内容外，该方法还可用于发票与合同、合同与计划等相关资料间的核对。如果在核对时发现了疑点或者错误，应将原因及时调查清楚。尤其需要注意，应使用正确的资料作为核对法的证据，否则无法得出有意义的结果。如若缺乏可靠证据，则应采用两个及以上不同来源的数据进行核对，调查其是否相符。

2. 审阅法

审阅法指详细阅读和审查相关文件和资料内容的方法，其中包括凭证、报表、账簿，还有经营决策、预算、合同、计划等，以此可对经济资料的正确性和经济业务的合规合法性，以及其有否按照会计准则的相关要求执行进行检查。账、证、表等是审阅法主要查阅的会计资料。

（1）对记账凭证与原始凭证进行审阅。这要从技术、形式以及内容上进行多方面的审查。以记账凭证为依据，审查经济业务有无违反财会规定、制度、财经纪律，是否有完整的相关手续，有无从事非法经营活动等；以原始凭证为依据，审查经济业务有无正确完整的凭证，有否将金额、日期、签章、摘要等内容正确、完整地填写其中，是否有涂改的可能。

（2）对经济资料进行审查，判断其是否符合相关原则。例如，有没有以正确的会计科目进行会计账簿记录，账户有无合理正常的对应关系；会计报表关系是否正确，其编制有否按照相关规定制度完成等。

（3）对经济资料进行审阅，调查其记录是否异常。调查报表中各项目的增减变化记录是否存在异常情况；账簿中是否存在伪造、刮擦、涂改、挖补及规定不允许出现的更动与书写。

3. 复算法

复算法指重新验算、复核凭证、报表、计划、账簿、分析、预算等各项书面资料的方法，属于核对法中的一项内容。主要需要对以下内容进行复核验算：①原始凭证中记载的数量与单价相乘得出的积数、合计以及小计等；②每页账簿各栏中记录的金额的余额、小计与合计；③记账凭证中记录的金额明细与合计；④分析、预算以及计划中记录的相关数据；⑤报表中记录的相关项目的总计、合计、小计与其他计算。

4. 比较法

比较法指对比分析相同被审项目的同类单位与本单位、前期与本期、实际与计划的数额，调查有无可疑问题或异常情况出现，以便进行跟踪调查搜集线索，为审计提供可靠证据。例如，对比本期和前期相关项目（产品销售收入与利润收入未能同步增长），就相同项目对比其他单位与被审单位（与先进企业对比流动资金周转水平），都可以对详细了解情况，明确其中的问题。

比较法有相对数比较法与绝对数比较法两种，两种办法都是为了得出更好的核对与审计结果而产生的。

5. 分析法

分析法指对被审项目内容进行分解，对其本质进行揭示，明确其构成要素之间具有怎样的相互关系。其可分为：

（1）比率分析法，指的是以有关项目之间存在的比率关系为依据，对比分析销售成本率、资金利润率以及资金周转率等，查明其情况，对被审单位是否在合理、经济的范围内进行经济活动做出相应判断。

（2）账户分析法，指的是以账户对应关系依据的原理为依托，对照分析某些账户的借贷金额与对应账户记录，查明其中的异常情况。比如，结合分析"银行存款""产品销售收入"与"应收账款"，查明审核结果是否正确，同时对应收账款情况与产品销售情况进行深入了解，如发现异常现象则要采取另外方式方法进行审计。

（3）趋势分析法，指的是对某些时期某项经济指标的发展趋势进行分析的方法。这一方法的执行步骤分三步：第一，从产成品、应收账款、收益与应付账款等之中选择要核算的经济指标进行分析；第二，确定基期①数，最后用该指标各年度的数额除以基期数。要想了解在不同时期某项指标的发展趋势和变动情况可以使用这种方法进行观察，如存在异常情况，即变动过小或过大等时，则应进行深入审查。

此外还有多种审查分析方法，如平衡分析法：对照分析会计报表中记录的相关项目之间的钩稽关系、平衡关系；账龄分析法：按期限长短对有关账户进行归类分析，以此继续重点追查；因素分析法：计算分析有关经济指标在各个因素发生变动时受到的影响程度；等等。依据不同的审查目的与运用方法的不同时间阶段，可选择事前、事中、事后分析。

在以下情况可使用分析法：第一，分析会计报表时，审计人员可以使用此前的数据对整体或者某一部分的会计报告进行比较，将其与预期结果、同行业相关数据等对比分析，了解问题，找出线索，明确审计重点。第二，分析账户。审计人员可以前期数据为参考，对明细账余额与有关总账进行分析，找出异常波动，发现审计线索，进一步分析明细账结构，查明其是否合理。第三，分析经济活动。审计人员使用因素分析法等，对能将经济活动情况反映出来的有关技术经济指标进行分解分析，调查经济活动情况，了解其变化趋势和其中存在的问题，获取审计线索，为审查提供更充分的证据。

---

① 基期与"报告期"相对，在统计中计算动态指标时可称为对比标准的时期。基期的数值，称为基数。基期是一个基础期、起始期概念。

## 二、证实客观事实的方法

仅对书面资料信息进行收集还不够，审计工作还需要有实物资料提供支持，即可以对客观事物的数量、性质、形态、价值、存放地点等进行证明的资料。实际而言，可以调查其与账目是否相符，是否存在弊端、纰漏。盘点法、鉴定法以及调查法均可以做到。

### （一）盘点法

审计人员实地盘存[①] 各项物资财产，对实物的规格、品种、金额、数目等进行检查，确认所进行的经济活动与相关经济资料是正确真实的，确认实物符合经济资料中的记录的审计方法。

盘点法包括直接与间接两种盘点方法。直接盘点法指审计人员亲身前来现场对物资进行盘点，查验财产物资是否符合相关书面资料中的记录。这种方法常用于珍宝、现金、稀有金属、贵重文物等财产物资的盘点，而由被审单位自行查验盘点其他物品，只需本单位审计人员、主管人员及相关领导签章审批即可。监督盘点法指的是审计人员在审查现场亲自观察监督被审单位对物品的盘存工作，如有必要，审计人员可以进行复点或抽查，以确保盘存质量。这种方法通常在盘存数量较大的实物，如材料、机器设备、商品、厂房等时使用。

### （二）调节法

当从表面上看需要证实的数据与现实数据不符时，可以使用调节法对数据的真实性进行证实。调节法是以一定时点的数据为基础，以恰当、必要的增减手段对已发生的正常业务中的各项数据进行调节的方法。比如，使用该办法对银行存款余额调节表进行编制，以此可以以银行对账单上显示的余额信息为依据，对银行存款账户余额进行验证，查清其是否正确。在针对财务资产编制相关的调节表时，也可使用调节法对财产物资的实存数与其结账日记录的相关账面数是否相符，具体进行盘点审查时，应先对照书面资料记录的结存日期，对不同日期的记录内容进行对应的实物盘点，再审查有无一致的账实。

---

① 盘存（Stocktaking），指企业、事业、行政机关等单位对其实物、现金进行实地盘点并对银行存款、往来款项进行查对，以确定各项财产的实存数，查明账实是否相符的一种会计管理手段，又称财产清查。

### （三）鉴定法

此是需要由专业人员凭借其专门的技术识别、查明经济活动、实物以及书面资料的方法。一般审计人员往往不具备鉴定经济活动是否合理，书面资料是否真实可靠，实物价值、性能、质量是否符合相关要求的能力，因此常常需要聘请一些专门的律师、工程技术人员等进行专门的鉴定，并从鉴定结果中提取独立的审计证据。所以，当满足某种条件时，审计部门为了得出更精确、更高效的工作效果，可联合技术部门与法律部门一同参与审计工作，提高审计质量。

## 三、审计调查的方法

除了对客观事物的证实与对书面资料的审查以外，审计实施过程还包括内查外调以经济活动及相关资料为中心的各种外部与内部客观事实，搜寻新的线索，获取审计证据，判断实际真相，因此需要审计人员进行更深层次的审计调查。这种方法主要包括观察法、查询法、函证法、专项审计调查法。

### （一）观察法

观察法指审计人员亲自来到审查现场，对财产物资进行检查，并了解事实真相，调查审计证据的方法。在进入被审计单位后，审计人员应深入到仓库、科室、车间、工地等，直接视察观看被审计单位进行的生产经营管理工作、执行内部控制制度的情况、利用与保管财产物资的情况等，并注意其与相关书面资料记录和审计标准是否相符，找出其中存在的问题与薄弱环节，将书面资料之外的证据收集起来。对于审计工作来说，充分的证据是关键，否则将无法发现全部的问题。

### （二）查询法

查询法指的是通过质疑或者口头询问的方式将在审计过程中发现的各种问题与疑点背后隐藏的真相挖掘出来，了解清楚，并获得书面或口头方面的证据的调查方法。如发现账项可疑或者异常而对经济效益、内部控制制度进行审查时，可以用书面或口头询问的方式向有关人员了解情况。对于一般问题，可任意选用书面调查或口头询问。但在审查重要问题时，应尽可能以书面调查的方式收集书面证据。有时，书面证据对审计的成败有关键性的影响，可见书面证据的重要性。

### （三）函证法

实际上，函证法也属于一种查询法，指的是由审计人员向被审计个人或单位发函，以此查明情况收集证据，完成调查。在查证往来款项时多使用这一方法，因此这一方法成了必要的债权债务认证手段。这一方法也可用于认证核对被审计单位的法律顾问、保险公司、开户银行以及其他关联单位的具体、实际情况。函证法的核对性很强，又有很有效的查证功能，是不可缺少的审计环节。

### （四）专项审计调查法

专项审计调查是指审计机构依法运用审计手段对与国家财政收支有关的特定事项，向有关部门、单位进行的专门调查活动。这种方法可以加强审计对被审计对象的宏观调控作用，强化审计的微观管理功能，为学校及时了解、掌握经济运行信息，进而做出正确的决策服务。在当今社会主义市场经济不断发展过程中，学校管理经济非常需要审计以更强的宏观调控推动其发展，因此审计调查应成为学校经济管理中最为关键的一环。

## 四、计算机审计的方法

计算机审计方法通常包括绕过、通过及利用计算机三种审计方法。

### （一）绕过计算机的审计方法

绕过计算机审计法指先对输入的数据进行检查，再越过计算机对其输出结果直接进行检查的方法。该方法忽略了计算机对数据的处理过程，只检查输入内容后得出的输出结果，以此判断处理过程是否正确。

### （二）通过计算机的审计方法

通过计算机审计法指检查会计电算化处理系统中的程序与文件，以此为依托对会计核算结果进行审查的办法。主要包括：检测数据法、程序编码比较法、受控处理法、受控再处理法、平行模拟法、嵌入审计程序法、程序追踪法。

1.检测数据法

检测数据法指的是利用被审程序对提前设计好的一批检测数据进行处理，并由审计人员将处理好的结果对比预期结果，以判断被审程序是否能对检测数据进行有效、恰当的处理与控制的办法。

检测数据法的审查对象可以是审查系统中的个别程序，还可以是其全部程序，同时也可以对某一程序中的某几个或一个控制措施进行审查，以了解这些控制的功能能否被有效地发挥出来。以下三种情况中常使用这种方法：一是计算机程序中设有被审系统的关键控制；二是有较多被审系统，直接使用手工审查方法效率低且不经济时可使用此法；三是在被审系统中，可看出审计线索具有一定缺陷，输入检测数据后难以跟踪到输出的结果。

使用这种方法可以审查被审程序对数据的处理功能与控制功能，而检测数据的设计或选择非常关键，检测数据通常有两种来源，一是由审计人员自行设计的，二是由被审单位此前设计的，无论哪种来源的检测数据，都应该具备有效、正常的业务和无效、不正常的业务。从本质上看，检测数据法是抽样审计中的一种方法，这种方法不要求审计人员拥有较高的计算机技能与知识水平，且在很多种情况下都适用，尤其在处理较复杂的系统审计时。

2. 程序编码比较法

这种审计方法指对比分析被分别独立保管的两个版本的被审程序，查明被审程序有无发生改变。审计人员使用这种方法时，需要将由自己审计部门保管的、处理与控制数据功能曾被审查判定为正常的被审程序副本为依据，对比被审单位目前在用的审计程序，调查其是否发生改动，对改动可能带来的后果进行分析评估。这种方法可以用于比较分析两个源程序编码，也可以用于比较两个目标程序码。

3. 受控处理法

这种方法指的是审计人员监控观测被审程序处理实际业务的结果，以确定被审程序仍能有效、恰当地发挥其控制与处理功能。使用这种方法时，审计人员应先查验输入数据，再建立审计控制，之后亲自对这些数据进行监督或处理，再以预期结果对比所得的处理结果，查明被审程序有没有按照相关设计要求正常发挥其对数据的控制与处理功能。比如，审计人员可对输入错误的更正与重新提交的过程进行检查，查明被审程序输入控制是否有效，以处理打印结果和检查错误清单的方式查明被审程序是否发挥着可靠的控制与处理功能，对输入与输出进行核对，可以了解输出控制是否可靠。

这种方法具有省力、省时、审计技术简单，对计算机知识水平要求不高的优点，只要采取的方法可以突出审计的特点，就能确定实际使用的程序和被审程序是一致的，进而为审计结论的可靠性提出保证。

4. 受控再处理法

这种方法指在非业务处理时间，被审单位在审计人员的监督下或者由审计人员亲自处理某一批已被处理过一次的业务，将两次处理结果进行对比分析，查明被审程序是否存在非法篡改的问题，确定被审程序是否仍在有效、恰当地发挥其处理与控制数据的功能。只有在被审程序曾有过被审查的经历的情况下，才能使用这种方法进行审查，这样才能证实其此前的控制与处理功能都在有效发挥。因此，在首次审计被审程序时不会用到这种方法。

5. 平行模拟法

平行模拟法指由专业计算机人员或者审计人员编写出一种与被审程序具有同样控制和处理数据功能的模拟程序，用其对当期的实际数据进行处理，再使其处理的结果对比被审程序处理同一数据得出的结果，以此判断被审程序是否有可靠的控制与处理数据的功能。

使用这种方法时，模拟程序不需要具备被审程序的所有功能，只需要模拟其某一控制功能或处理功能即可。

使用这种方法有以下优点：可对实际数据进行独立处理，对被审单位的设备与人力没有太多的依赖，可得出比较准确的审计结果。但模拟系统开发的成本较高、难度较大是其主要的缺点。需要注意的是，模拟程序在使用前需要由审计人员证明其正确性。

6. 嵌入审计程序法

这种方法指的是在设计与开发被审系统的阶段，将为执行特定审计功能专门设计的程序段嵌入被审应用程序，利用这些程序段将审计人员需要的数据资料收集起来，再建立一个存储这些资料的审计控制文件。审计人员审核这些资料，以查明被审程序是否仍具有可靠的控制与处理功能。

在实际操作中，审计人员主要设计了两种审计程序段，其中一种只有在执行特定审计任务时才会由审计人员激活，平时几乎不发挥作用；另一种为连续监控被审程序中在某些特定点上对数据进行处理的程序。当向被审系统中输入实际业务数据，且这些数据在被被审程序处理时，审计程序也会检查这些数据。当达成某些条件时，实际业务数据将会被审计控制文件记入其中，审计人员可以定期或不定期地输出审计控制文件，以便随时评价被审程序发挥控制与处理数据功能的正确性与可靠性，从而监控系统处理的业务。

该方法的优点为：审计人员获取审计证据与被审单位对业务数据的处理是同时进行的，有利于防止在审核处理之后的数据时无法查明被审查程序在实际应用时有无缺陷。审计程序段会在被审程序开始运行时对其进行监督，以此弥补事后不具备充足审计线索的缺陷。因此，这种方法是最可靠、最有效的审计方法之一。然而，只有在开发与设计审计系统时就做好审计专用程序段的设计，这一方法才能发挥应有的作用，但目前这一点仍未能实现。在使用这种方法时，如果被审系统进行了一定的修改，那么审计程序段也同样需要进行对应的更改，因此其要求审计程序段有更高的安全性。

7. 程序追踪法

程序追踪法是一种对给定的业务，跟踪被审程序处理步骤的审查技术，一般可由追踪软件来完成，也可利用某些高级语言[①]或跟踪指令跟踪被审程序的处理。

采取这种方法可以将被审程序中各个指令的执行顺序及执行情况列示出来，也可以将被审程序中存在的非法指令查出来，但它要求审计人员要有较高的计算机知识水平，因此这种方法在实际审计工作中没有得到较广泛的应用。

前文对几种比较主要的计算机应用审计方法进行了介绍，而需要注意的是，这些审计方法在实际应用时并不是孤立的，它们会互相补充、互相配合。此外，还有很多种有效的计算机应用审计方法，具体需要结合计算机系统的实际情况来进行选择。

---

① 高级语言（High-level programming language）是一种独立于机器，面向过程或对象的语言。高级语言是参照数学语言而设计的近似于日常会话的语言。例如，要将两个变量相加并赋值给第三个变量，用高级语言表达为 var3=var1+var2。

### （三）利用计算机审计

这一方法指审计人员借助计算机工具处理审计工作。随着计算机的开发与利用，目前已有大量审计软件问世，有专用的，也有通用的。专用软件是专门为某个企业或某项审计工作研制的有特定用途的软件。通用软件往往是适用于多种环境要求，根据审计需要，能够对数据文件进行处理和分析的一组程序。它适用于多次审计工作，能完成一般例行的审计任务，不仅可以审查计算机处理的资料，还可以审查手工处理的资料。

具体应审计数据文件，进而评价计算机系统数据结果输出的合法性、真实性以及正确性。审计纸性账页数据时使用的方法应与审计手工系统中的账簿、凭证、报表时使用的方法相同，利用计算机对磁性介质中存储的数据文件进行辅助审计，本文主要介绍使用计算机如何对数据文件进行辅助审计。

1. 利用审计软件辅助审计

为了使计算机具备某种数据审计处理功能，审计软件这一强大的计算机程序由此诞生。审计软件可以结合审计目的选取被审数据文件中的某些数据，进行对应的处理和计算，并在严格遵守审计人员提出的种种要求的情况下输出审计信息。而审计人员可以利用审计软件可对被审系统中存储的数据文件进行直接访问这一优势，复核选定数据项目或者整个数据文件，有效完成大量数据的重新分类、验算及汇总等工作，对数据文件中的内容进行详细的检查，同时可结合既定标准查找相应的记录。此外，借助审计软件辅助审计工作的进行，有助于审计效率的提高，使审计人员更少地依赖被审单位数据处理人员，进而使审计的独立性大大增强。

利用审计软件对数据文件进行辅助审计的现象，通常会发生于以下几种情况中：①根据审计人员的要求对数据进行检查。②利用审计软件对指定文件中的项管部数据进行测试，查明其是否正确，并对被审系统相应数据的正确性进行分析和评估。③将两个不同数据文件中存储的数据进行对比分析，利用审计软件对不同数据文件中保留的记录进行比较分析，查明数据是否一致。④选择合适的审计样本并打印。可以采用判断抽样法、随机抽样法等方法，利用审计软件抽取被审数据文件中的部分数据作为样本。⑤对数据进行重新组织或汇总，并对其进行分析处理。

2.利用系统的子模块辅助审计

完整的计算机系统中通常都包含对账、查询、复核等多种子模块，当审计人员审计被审系统的数据文件时，就可以借助这些子模块的功能来辅助具体工作。被审系统中同样具备这些子模块，审计人员使用这些子模块之前，应先审查这些子模块能否正确、可靠地完成数据的处理和控制工作，只有得到子模块可靠可用的审查结果后，才可以使用它们完成被审系统数据文件的审计工作。

在被审系统中各个子模块的帮助下，对数据文件的审查工作变得更加方便、简单，无须再进行其他审计软件的开发或者购买，并且只有很低的审计成本。然而，这些子模块通常不具备所有审计功能，所以人们通常无法仅凭其实现审计目的，而且其也不能根据审计人员拟定的内容与格式进行审计工作底稿的输出。

3.利用数据库管理系统和实用程序审计数据文件

目前，许多计算机应用系统本身就具备一些可以管理数据库的实用程序或命令，如果我们可以把这些程序适当地运用起来，也可以完成一些比较简单的计算、查询、数据重组、汇总、分析等针对数据文件的审计工作。

# 第四节　高校预算执行与决算审计质量控制与风险防范

## 一、高校财务预算执行和决算审计质量控制与风险防范的概念

审计质量控制与风险防范是一个问题的两个方面，相辅相成，审计质量越高，审计风险越小；审计风险防范能力越强，审计质量保证系数越大，质量越高。但是，二者又是不同的概念，在内容和行为方面都有区别。因此，我们应从不同的角度、不同的立足点认识这个问题，以控制审计质量来提高风险防范能力，以提高审计防范风险能力来保证审计质量，进而保证和促进预算执行和决算审计的健康发展。

### （一）高校财务预算执行和决算审计质量控制的基本概念

"质量"一词本来用于衡量产品的好坏，其在《辞海》中有形容优劣程

度的意思。产品的质量可由材质、尺寸、强度、结构、精度等物理、机械、化学方面的内在特性，也可由色彩、外观、造型等外部特性体现。可以通过肉眼观察或实验测试了解和评价产品的质量特性。审计质量与之并不相同，由于审计结论不涉及化学、物理以及机械等方面的内在质量特性，也无关于产品外部呈现的质量特性，因此很难以实验的手段或肉眼进行直接测试或观察，进而无法直接进行评价。判断审计结论的质量应立足于全过程、全方位角度，查明审计人员最终总结的审计报告是否有用。

审计结论质量主要取决于审计工作的质量，后者是前者的基础，前者是后者的最终反映和集中表现。正因如此，人们往往将审计质量当作审计"产品"，向社会各方提供最终的审计结论质量。

审计质量控制，就是指内部审计机构以及相关审计人员应以正确的方法使用审计标准，以此约束整个审计过程中的工作质量并提高审计工作的效率、效益和水平。内部审计质量控制要求控制整个审计过程，包括制定审计方案、确立审计项目计划、实施现场审计、提出审计建议与意见、撰写审计报告，同时要对被审单位利用审计结果、执行审计决定和立卷归档审计资料等进行监督。内部审计质量控制从始至终贯穿于整个审计作业，涉及全部审计项目环节和所有审计人员。

审计质量控制主要可分为宏观与微观两个方面。微观质量控制指的是对审计工作全过程进行控制，主要包括接受委托、计划、审前准备、下达审计通知书、实施审计、做出审计决定、审计终结阶段的控制、出具审计意见书、审计回访和审计报告。宏观质量控制是指审计作用的社会效果控制，主要包括遵纪守法、廉政行为、审计结果报告应用、提出的处理和处罚意见的采纳、与有关部门关系的协调等方面的控制。宏观方面的质量控制相对微观质量控制处次要地位，但是如果控制不好也会影响审计工作效果和审计形象。因而，必须在做好微观审计质量控制的同时，控制好宏观审计质量。根据以上表述，预算执行和决算审计质量控制必须注意以下有关问题。

1. 控制主体

预算执行与决算审计质量控制以被委托的审计组织与内部审计机构为主体。在进行审计工作时，审计组织与其单位就是质量控制主体。在完成审计工作后，审计管理部门、审计机构以及上级审计机关就成为了质量控制主体。预算执行与决算审计质量控制主体本身属于一个整体，但其又具有层次性的内部结构，具有与本身责任密切相关的控制职责，双方不可随意取代。

2. 控制客体

预算执行和决算审计质量控制的客体是审计机构和审计人员进行审计质量控制的对象。整个执行预算和审计决算过程涵盖审计实施、审计方案与计划的编制、审计报告的提出、审计决定与审计意见书的出具等多个方面多个环节的审计活动。应将可控对象当作审计质量控制工作的重点，以协调工作的方式从间接角度控制对审计作业活动质量造成影响的外部因素。

3. 审计质量控制的依据

审计质量标准是控制影响决算审计与预算执行的主要依据。审计质量标准的制定要与审计质量控制相适应，它不同于审计法规，也不属于审计标准，而是一种用于衡量和考核审计工作质量水平的有效管理体系。审计质量控制标准具有监督管理审计工作的作用，也是衡量审计人员行为是否遵纪守法、规范、正确的约束机制。

4. 审计质量控制的内容

预算执行和决算审计质量控制的内容，是指监督实施审计活动遵守有关规定和要求，发现审计作业过程中的质量问题及越轨行为，防止随意性。其主要包括：审计组织控制制度和内部责任管理的健全情况；审计准则、制度、程序是否科学规范、标准；审计人员政治业务技能和素质水平如何，工作认真与否；审计力量组织、投入和合理使用情况；审计技术和手段的先进程度和应用情况；审计纪律规定执行与检查情况等。

5. 审计质量控制的目的

预算执行和决算审计质量控制的目的，是促进预算执行和决算审计的各项活动达到规定的审计质量标准和要求，其中还应包括学校指令和委托机关提出的要求，从而保证审计工作效率和审计效果。

**（二）高校财务预算执行和决算审计风险防范的含义**

1. 风险的概念

学者们定义企业管理学的风险为某件事情可能得出的所有后果中较

为不利的一种，换言之即可以测定出来的不确定性（F.H.奈特）；另外部分学者认为，事物的运行结果偏离预期目标的程度以及可能产生的损失就是风险；还有一些学者认为，一些具有不利成分的不确定事件或者人们不希望产生的结果就是风险；等等。

国外素来对风险有很久的研究历史，针对风险有数十种不同风格与内容的定义，这些定义受相关人员政治经济背景环境的影响，具有较为浓重的时代与地域特点，能反映出其从事研究领域的一些特色。对于这些定义中存在的个别个性差异，我们应当舍去，同时对共性的内容与原意进行充分的理解。英语中有很多词都具有"风险"的含义，其中在风险管理理论著中最常见的词为"risk""hazard""peril"。英文单词"risk"表示实际结果的危险性、不确定性与故事发生的可能性。"hazard"在英文中表示事故发生的原因、前提、条件、环境，指危险因素。英文单词"peril"表示风险、危险事件的现实状况（表示已经发生的灾害、灾难及结果，也代表直接造成损失或伤亡的事故本身）。

有了上述说明，我们就不难发现，可以从以下几点来理解风险具有的基本含义：

（1）风险是某种危机存在的可能性。

（2）风险的效果是净负面的，即风险具有某种程度的危害性。

（3）风险具有一定的可度量性。

（4）对风险进行控制与研究的目的是阻止风险由原本的潜在状态转化发生，成为现实性事件，即阻止风险转化为现实，以减少损失。

2.审计风险的概念

在进行审计操作时，审计人员受多种因素的干扰对被审计对象（或者某事项）做出错误的判断与估计，未能精准找出其中存在的问题并解决而导致有产生潜在损失的可能，就是审计风险。在国际审计准则第25号《重要性和审计风险》中，国际会计师联合会对审计风险做出以下定义："审计风险是指审计人员对实质上误报的财务资料可能提供不适当意见的风险。"我国《独立审计具体准则第9号——内部控制与审计风险》认为："审计风险是指会计报表存在重大错误或漏报，而注册会计师审计后发表不恰当审计意见的可能性。预算执行审计风险是指审计人员在执行预算执行审计时，被审计单位的财政收支、财务收支存在重大错弊而审计人员没有发现，得出不恰当审计结论的可能性。"

　　审计风险有三大类，分别是检查风险、固有风险以及控制风险。检查风险指审计人员未能通过测试，发现无法容忍和承担的重大差异或缺陷的可能性。固有风险指的是对内部控制进行衡量分析之前，审计人员对某一审计项目的分析审计可能存在的重大错报。该风险通常为处理经济业务过程中的固有风险。最后，控制风险指的是在审计某项目时，审计人员的错报超出可容忍误差的范围，但未被内部控制发现或防止的可能性。审计人员可检查评价审计组织内部控制以明确其具有怎样的风险控制水平。这些审计风险共同搭建出审计风险模型。通常情况下，高校内部审计主要有以下特征：

　　（1）客观存在性。内部审计风险是客观存在的，是不以人的意志为转移的。不管审计人员使用怎样的方法和手段维持审计工作应有的独立性和外在性，最后大部分情况下都会被审计环境所干扰，从而导致无法控制内部审计环境风险降低为零。审计人员虽然无法将审计工作中客观存在的环境风险完全消除，但可以改变风险在有限的时间与空间中的发生条件与存在条件，使其发生的频率大大降低。

　　（2）普遍存在性。在整个审计过程中，内部审计风险存在于所有环节之中，无论哪一环节发生错误，都会影响最终得出的审计结论，使其偏离预期。

　　（3）潜在性。内部审计风险的发生以审计责任的存在为前提。在一定时间内，内部审计风险的潜在性取决于审计责任。即使审计人员可能在实际工作时提出了不合理的审计意见，但只要没有造成损失和不良后果，就仍认为风险处于潜在阶段，因此不能被称作风险。但当追究审计人员失误责任并使其承担相应风险损失时，就说明风险具备了现实性特征，成了风险。

　　（4）可控性。内部审计风险从一定意义上看是客观存在的，并且整个审计过程中、所有审计项目及所有审计环节中都有内部审计风险存在的可能，一旦风险形成，将会为审计人员及其所在的审计机构带来名誉方面的损失。因此，审计人员应严格遵守职业制度规范，始终保持理性谨慎，合理使用职业判断，认真仔细地评估内部审计存在的各种环境风险，并制定出科学合理的审计方法与程序，将内部审计存在的环境风险降低到可承受的范围之内。

## 二、高校财务预算执行和决算审计质量控制

审计工作的综合水平、优劣程度，其是否做到了客观性、合法性、效益性及准确性指的就是审计质量的好坏，审计质量存在于整个审计活动过程之中。审计质量的内容可划分为审计结论质量与审计行为质量两个方面，前者指审计人员所提交的最终的审计报告具有怎样的优劣状态；后者指以客观标准对审计业绩进行检验给出客观正确的评价，从优劣角度上对整个审计工作进行评定。在实际实践中，这二者被统称为审计工作质量。高校财务预算执行和决算审计质量控制包括基本质量控制、作业质量、终结阶段质量控制以及审计后质量控制。

### （一）基本质量控制

1. 保证内部审计机构的独立性、权威性和审计人员的客观性

高校要想保证审计工作的质量，将内部审计工作做好，首先应严格遵照相关要求、制度进行独立审计机构的设置，而该机构应由校长亲自领导，且级别应高于本单位的财务部门。目前，在我国范围内，有很多高校设置的审计机构比其财务部门的级别要低，不能实现同级审计，即使受领导的要求对级别相同的财务部门进行审计，也会存在多种阻力，因此审计质量很难得到保证与提高。据此，审计部门不仅要将自身的业务工作处理好，还应引起领导的重视，让领导意识到内部审计工作质量的重要性，为审计部门争取更高的权威性与更强的相对独立性。其次，审计人员自身应处于被审计经济活动之外，保证以公正客观的态度审计相应经济活动。

2. 遵守内部审计准则，规范审计行为

在进行审计工作时，高校内审人员应坚持内部审计具体准则中各项要求，基于科学的方法、规范的程序和内部互相牵制的运作原则操作和处理业务，从而保证审计工作按规律、依法进行。无论是进行取证、分析还是判断，都应严格按照内部审计准则中的各项要求进行，以实际为

出发点，开展相对独立的调查工作，进行公正客观的分析与评价，保证审计质量。

3. 不断提高内审人员的政治业务素质，保证审计质量

从根本上看，审计的质量好坏取决于审计队伍的整体素质水平。人品、专业技能、职业操守、道德等均属于人的素质，概括地说即为才与德。建设整体高素质的审计人员队伍对审计质量的提高具有关键性作用。首先，应加强对审计人员的质量意识教育，强化职业道德教育，使其形成更高的风险意识与法律意识。其次，提高业务技能培训水平，促使审计人员具备更高的业务能力与专业知识水平。审计人员自身的业务能力高低直接影响审计质量。最后，内审人员应积极了解本单位的财务活动状况、历史发展、运营规模等，并形成较强的交流与表达能力，与其他人和睦相处。

**（二）作业质量控制**

1. 准备阶段质量控制

（1）抓好审计立项的质量控制。高校应结合重要性、针对性、可行性三方面要求进行内部审计立项，保证立项有明确的目的性。重要性指高校应为重点的资金、部门、领域以及稳定大局、教育发展、改革相关的重大事项设立审计项目。针对性指为以学校教学、后勤服务、科研工作为核心开展的各项工作立项。可行性指依据法律法规、制度规范等，结合审计人力资源现状进行审计立项。

（2）抓好审前调查的质量控制。审前调查为审计方案的编制奠定了基础。目前，对于一些高校而言，其主要问题就是很多审计人员在进行实际工作之前不做好审前调查，认为自身非常熟悉本学校的情况，尤其是对曾审计过的项目与单位，甚至认为自己非常了解无须调查。然而，审计对象的管理方式、领导人员、核算方法、资金来源、机构设置等是时刻会发生变化的，即便每年都对其进行审计，也会存在某些细微的变化。

（3）抓好审计目标质量控制。审计工作想要达到的目的和效果就是审计目标。通过审计工作，将审计资料收集起来，分析总结审计结论，为学校领导提供可靠的建议与信息，从而使其针对投资计划的安排、校

办产业的发展、科研及教育资金的使用制定正确决策，这就是高校进行内部审计工作的主要目的。审计目标质量控制应将审计风险充分考虑在内，风险越小，审计质量越高，反之风险越大，也就意味着审计质量越低。审计风险可能会带来巨大的危害，它不仅会导致审计机构遭受直接的经济损失，还会造成心理、社会、名誉等很多方面上的损失。为此，学校应对降低审计风险的策略与方法认真进行研究，以提高审计质量，为审计事业、社会经济的健康发展提供强大的推动力量。

（4）抓好审计方案的质量控制。明确的审计目标会为审计工作指明前进的方向，但要想实现目标就必须要有可行可靠的具体审计方案。在编制审计方案时，应充分考虑审计的效率、深度、效果、风险及责任等各个方面，做好审计方案编制工作，高效完成审计任务。基于各种审计工作实践可了解到，编制一个可靠详细的审计方案，必须要将审计力量集中组织起来，对审计范围与审计重点有精准的把控，并选择科学恰当的审计方法。在制定审计方案时，审计部门应瞄准设定的审计目标，立足于被审单位的实际情况进行综合全面的考虑，对审计风险进行合理预估，编制出周密可靠的审计方案。同时，还应在质量控制方面加强审计方案设计，以便各方面工作可以协调、顺利地开展，而且要对审计人员进行有序的管理和指导，将审计工作中存在的盲目性、随意性、无效性最大化消除，促使审计工作更加高效化、程序化、科学化。

2. 实施阶段质量控制

（1）抓好审计证据质量控制。审计证据质量决定了审计的质量。当审计证据有效且充分时，就能够保证审计结论的正确性，使审计人员更好地把控审计质量。审计证据质量主要体现在控制审计证据的取证方法与从可靠性与充分性两方面控制审计证据这两个方面。审计人员在取证的过程中需努力获取被审单位的积极配合，因此审计人员必须发挥其主观能动性收取证据。而审计证据与被审事项之间的关系，审计证据数量足够与否、是否以偏概全、是否准确可靠即可决定审计证据的可靠性与充分性。如果证据的证明力度足够，审计质量就会有保证。

（2）抓好审计日记质量控制。审计日记指依据一定的时间顺序，在以人为单位的情况下，审计人员为反映每日审计工作实施过程而做的书面记录。审计日记记录着审计工作的全部过程，具有完整的审计轨迹，是对审计人员进行审计检查时使用的方法和检查范围的反映，为审计复议、审计决定下达、审计报告编制以及复核工作开展凭借的依据，被审单位无需对审计日记签字确认。在实际的高校内部审计工作中，往往对检查出的审计问题记录比较重视，但常常会忽视审计工作过程记录，甚至有的审计人员只记录检查出的问题，但不会将工作的过程记录下来。这样虽然能帮助复议、复核的进行，不利于风险的防范和审计责任的划分，当被审计过的单位有新的问题暴露出来时，问题环节是否经过了检查、以哪种方式进行了检查、对哪些人进行过详细情况调查等都无法追溯。因此，审计日记的记录应被重点关注，并要求审计人员将其检查时查看的具体资料、账目、文件、向哪些人进行了情况调查、具体取证工作有哪些等详细地记录下来，并做到逐日编写，保证过程内容的完整与真实，保证内容完整、要素齐全、简明扼要。

（3）抓好审计工作底稿质量控制。在进行审计工作时，审计人员所做与审计事项相关的工作记录就是审计工作底稿，它可以用来分清审计责任，检查在该审计事项中审计人员的工作状况，在审计风险的防范方面具有必要的作用，因此也被视为审计质量控制工作中的重点。从内容上看，审计工作底稿中有着审计人员所进行审计工作全部过程、步骤、方法相关重要资料的具体记录，为审计报告的编写提供了重要的基础资料。审计人员在进行审计工作时，应及时、按时完成审计工作底稿的编写，将工作的具体进程、各方面的改进意见、在审计过程中发现的问题等全部记录下来，并将审计证据附在其中，为所提意见及相关问题的检查提供支撑材料。

（三）终结阶段质量控制

1. 抓好审计报告的质量控制

审计人员按照相关要求规范，以必要的审计手段处理了约定事项后为表明审计意见出具的书面说明就是审计报告。审计报告可以集中反映出审计工作的成果，体现审计质量控制水平，为领导在审计工作中提出的宏观决策提供最有效、最直接的支持，是整个审计环节的核心，对审计成果水平与质量的提高具有重要作用。在撰写审计报告时应注意以下几方面。

首先，应基于审计工作底稿进行编撰，依据相关的审计证据，促使报告的全部内容都与底稿中的内容一一对应，另外报告中的内容应尽量翔实，紧抓问题实质。在审计过程中发现的所有重要问题，都应该明确本质事实，有确凿的审计证据与之对应。其中，对问题的反映应做到实事求是，尤其关于经济发展与改革大局的重大案件线索，汇报内容应能精准描述审计问题，同时审计人员要随时、及时报告，从实质上提高报告的时效性与针对性。

其次，应贴紧实际，对报告的结构进行合理改进，用心构思报告的表述方式。审计报告通常需要交给领导过目，因此报告的撰写应站在领导的角度上，脱离太过专业的术语与数据，使报告可以让领导看懂的同时也能向专家充分说明其中的问题。应对报告结构进行合理调整，突出显示重点，强化对分析审计问题与问题产生原因的表述，有针对性地提出适当的改进建议与意见，切实提高审计报告的效果性、可读性以及通俗性。

再次，审计报告中应包含评价被审单位经济事项的内容，应有充分的法规、法律、政策、规章作为依据。评价上应做到适度、准确，不夸张、不掩饰。在审计过程中，对于没有明确评价依据的事项、未涉及的评价标准与具体事项均不需进行评价；应保证审计报告中所提出的具体的处理意见实事求是、恰当公正，且有准确的定性，不能模棱两可，似是而非。

最后，应复核审计报告。审计组长出具审计报告后，应由内部审计部门的负责人先全面审核报告的质量，对事实、文字、数据、政策、定性等方面重点把关，再将其送主管领导审批，通过多重查验防范审计风险。

2.抓好审计档案的质量控制

审计结束后，所有产生于审计过程中的资料必须进行归纳整理，为后续审计与复审做准备，同时也可以在发现审计质量问题时及时采取措施补救。

**（四）审计后质量控制**

1.建立审计跟踪整改和审计公告制度，扩大审计影响

审计跟踪整改指的是跟踪审计过程发现的问题，并督促整改的落实

与纠正。审计跟踪整改是审计工作全部过程的中心目的，对于审计工作是否能取得应有的实际效果具有关键性影响作用。只有做到"三个到位"，才能取得审计跟踪整改的实效：①有完善的跟踪整改制度与机制。审计意见的提出和审计报告的出具都不意味着审计结束，一项审计的终结应是对审计发现的问题进行跟踪，并督办其整改落实到位。②有适当的跟踪措施。具体应与实际相结合完成具体措施制定工作，并将社会、舆论及审计三方面的监督结合起来。应执行审计公告的措施，扩大审计的影响，结合群众关注的焦点、热点问题以及典型案例打造公告的重点内容。要通过审计公告加快全面整改问题的进程，提高审计工作的水平与质量，促进审计工作成果扩大。③精准把握跟踪整改的重点。应从影响大、数额大、危害大、范围大几方面对问题进行有力的跟踪整改，要应对整改情况有全面的了解，迅速将力量组织起来，做到跟踪快、反馈快、纠正快，以促进领导批示得以真正落实。对于所发现的具有全局性、普遍性的审计问题，应以督促纠正为基础，以提高管理水平、堵塞漏洞、健全制度为重点，并全面落实。

2. 建立审计质量考核制度，评价审计人员的工作业绩

审计规范化建设要求必须制定合理的考核标准，以此规范审计行为，同时保证建立完善的审计质量考核制度，鼓励审计人员提高自我控制能力。应建立起一套规范、合理的审计质量考核标准，使考核目标纳入一切可以量化对比的审计事项，制定明确的要求规定，提高审计质量。

3. 建立审计项目总结和分析研讨制度，保证审计质量不断提高

做好分析研究和审计总结有助于审计质量控制水平的提高。任一审计项目结束时，审计人员都应及时进行工作总结，同时对审计中的教训与经验进行认真的分析，并找出适当的改进措施。总结审计工作对后续审计工作具有极强的借鉴和指导意义。当在审计工作中发现了新问题、新情况和新开展项目的审计内容、方法、工作方案等时，应进行深入的研讨与分析，对工作中的疑难问题与薄弱环节进行攻关，同时探讨由于法规暂不明确对审计出的某些疑难如何定性和处理，形成一些更加理性和规范的审计工作办法或指导意见，以指导今后的审计工作实践。同时，对各种好的经验和做法，应及时总结、交流。

总之，提高审计质量是内部审计工作永恒的话题，只有常抓不懈，持之以恒，才能充分发挥内部审计的作用。

### 三、高校财务预算执行和决算审计风险控制

在进行审计工作时，应结合审计风险的表现与发生条件判断与分析风险，并采取相应有效的措施，建立可靠的内部运行机制并不断完善，以降低并有效控制审计风险。建立可靠恰当的内部运行机制，并不断对内部审计控制制度进行完善，可为审计环境风险的控制提供了重要保证。审计运行机制应由审计机构在遵守保密、公正、独立、廉洁、严谨、客观原则的条件下建立，同时保证审计质量，降低审计风险到可容忍承受的水平。

控制审计风险应做到"两个坚持"：一是坚持制度控制，在审计财务预算时往往很容易出现错误或者误差，只能通过制度对审计人员的具体行为进行规范和控制。例如，构建审计风险责任追究制度、审计风险控制体系、审计质量复核机制等；二是坚持人本主义控制。针对财务预算实施相应的升级风险控制可谓第一道风险控制环节，这一环节至关重要。执行程序与控制决策的审计人员的观念和素质对风险控制的效果有决定性的影响，因此应坚持人本主义控制审计风险。具体来看，可综合运用以下措施控制审计风险。

#### （一）提高审计人员的素质，大力整合审计人力资源

一方面应促进审计人员提高自身的素质。具体可建立职业准入制度，严格把关新加入审计机构的从业人员，再结合审计工作的实际需要建立良好的后续教育制度，对审计人员进行高层次、系统化的业务培训，使其审计能力与新发展形势要求相适应；另一方面，应优化人力资源配置，自觉建立并不断完善对人力资源合理统筹配置的良性机制，坚持组建两人以上"主＋辅"审计小组模式，其中"主"为具有丰富审计经验和较全面审计知识的审计人员，辅为助理审计人员，以此加强对审计人员的培养和内部监督。在造价审计、工程概预算等专业领域，可借助社会审计力量或聘请专家等补充审计力量，提高审计质量。

#### （二）强化审计人员的风险意识，提高审计人员职业道德水平

风险意识是审计人员综合素质中的重要部分，在很大程度上影响着

审计风险控制。必须要建立合理有效的审计风险责任追究制度，加强相关人员的风险意识，并列明审计人员、审计组长以及审计小组具备的责任与权力，要求审计人员对审计准则严格执行，以减小审计风险。另外，审计人员应具备一定的职业判断能力，这也是审计职业特性提出的要求，同时其还要求审计人员的道德素质处于较高水平。对相对不完全和较为滞后的法律法规进行道德补充非常有必要。在我国的《审计机关审计人员职业道德准则》中明确要求，审计人员应遵纪守法、保守秘密、职业谨慎、廉洁自律等，要求审计人员不断提升自身的道德素质。

### （三）正确运用审计方法，改进审计技术和手段

在处理具体审计项目时，审计人员所作审计方法选择、审计程序执行情况，都对审计质量与审计风险有直接的影响。

随着审计工作的日益复杂，审计对象表现出了明显的网络化、电子化发展趋势，审计工作量也日趋增长，所使用传统的审计手段与技术已无法满足审计工作的发展，而现代科学技术的快速发展与进步大大促进了审计手段与技术的改进，因此我们应充分利用计算机工具通过现场审计实施系统进行审计，提高审计技术与审计效率，达到有效降低和防范财务预算执行审计风险的目的。

### （四）实行全过程控制

针对审计风险建立并实施合理科学的全过程控制是加强审计风险控制的中心环节，为此应将处理好以下工作内容：①审前调查工作。该项工作的目的是对被审单位施行的财务管理制度与基本情况进行调查了解，是审计风险控制工作的第一步。②编制审计方案。对整体审计工作而言，审计方案具有总体指导和规划的作用，可以有效避免或降低审计实施行为的随意性，收集必要、充分的审计证据，合理安排时间，为审计报告打造可靠坚实的基础。③收集审计证据。审计工作底稿是审计证据的重要载体，在进行审计工作底稿的编制时必须要有完整的取证和准确的定性。④严格执行三级复核制度。三级复核制度的建立与完善是必要的，应对全部审计过程进行严格的复核，包括审计评价、收集审计证据、审计处罚决定、制定审计方案、最终出具审计报告。⑤编写审计决定与审计报告。最终的审计结果通常会以审计决定与审计报告的形式呈现出来，

同时审计决定与报告的撰写也是最后一个审计风险控制环节，它要求对问题有准确的定量和定性，有清楚的文字表达并符合规定的结构、形式。

**（五）建立健全审计复合制度、审计回避制度和审计复议制度**

1.审计复核制度

通过审计复核，内部审计机构可以对审计行为、审计人员进行约束，对审计风险进行有效防范，规范内部审计。对实施方案中明确的审计内容与范围进行审计是审计复核工作的首要内容。此外，还应复核审计证据、审计程序、审计意见书、审计工作底稿以及审计处理决定书。应以内部审计过程的事前、事中与事后为重点，同时对审计证据与审计底稿的复核给予充分重视。建立完善的审计复核制度并加以实施，有助于及时找出和解决问题，消除或降低人为审计误差，降低审计风险，为审计项目得以顺利进行提供保证。

2.审计回避制度

当审计人员执行内部审计机构的升级业务时，其不可参与部门审计或被审单位之外的任何活动，且与被审部门、被审事项存在利害关系时，应主动进行回避。

3.审计复议制度

审计报告为审计决定书与意见书的形成提供了可靠依据。因此，应以"审计报告征求意见书"的方式向被审部门征求相关意见，要将内部审计人员提出的关于被审部门的所有意见全部记录到审计报告中，并说明依据与原因。审计人员应对审计报告中的内容仔细进行核实并加以完善、修正，同时允许在审计报告中记录被审方的不同意见。

**（六）明确责任机制**

审计工作附有重大的责任。如果查处不力、职责不清、奖惩不明，审计风险就很容易形成。因此，审计人员应明确自身的工作职责，将谁出风险谁承担，谁主审谁负责的原则落实到底，并追究连带责任。所有审计人员都要明确自身职责、职能内容，在工作中做好自我强化和约束，不断提高自身风险意识与责任感。

**（七）建立考核激励机制**

为了将内部审计人员的责任真正落实到位，结合定量与定性两方面要求建立对应的考核激励机制十分必要。应以审计质量控制标准为考核内容的重要依据，从专业胜任能力、审计资料归档、工作责任心、职业道德原则、廉洁自律、审计工作底稿质量等方面着手进行考核检查，定期组织评选优秀审计项目，奖励和表彰项目完成出色、尽职尽责的审计人员；对于违反审计工作相关制度法规及玩忽职守造成重大审计风险的审计人员，则按相关制度规定、法律法规追究其责任过错，对审计环境风险进行最大程度的预防。

# 第五节　高校预算执行与决算审计评价体系的构建

## 一、高校预算执行评价体系的构建

### （一）指标体系

高校预算执行审计评价指标体系可将高校事业资金投入所获得的效益、效率、效果以财务指标的形式反映出来，它是一系列此类指标组成的有机整体，可以对高校的资金使用情况、预算执行情况及产生效益的状况做出评价。学校预算执行绩效和资金投入绩效等 24 个指标共同组成了财务效益、预算执行情况以及学校运行效益三者有机统一的预算绩效评价体系。

### （二）指标介绍

1.预算执行绩效指标

（1）预算调整率。预算调整数与年初预算数的比例就是预算调整率，预算调整率可以反映出学校财务状况调整中无法确定因素的影响程度与年初预算的准确程度，它的数值越低，代表预算准确性越高。

（2）收入预算完成率。该指标是对实际完成收入预算的程度的反映。该指标数值越高，代表收入预算有越高的完成度，证明高校使用的组织收入的措施非常有效，使其支出预算获得了可靠的资金保证。需要注意的是，收入预算不合理也会导致收入预算完成率的数值偏高，通常为对收入的测算过于保守导致。

（3）支出预算完成率。该指标是对实际完成支出预算的程度道德反映。该指标通常等于或者小于1。该指标数值越高，代表高校完成其事业计划的程度越高。如果该指标数值较高但高校实际事业计划并没有与之匹配的完成度，则原因可能为以下几点：一是支出预算过少，没有足够的资金投入导致计划不能圆满完成；二是资金支出没有取得对应的成果，资金使用效益偏低。分析计算时，应保持支出预算数与实际产生的支出数口径相同。

（4）预算执行赤字率。

该指标反映潜在的预算执行赤字程度。预算执行赤字率越低越好，反映学校潜伏着的财务危机越小。

2.资金投入绩效指标

教学绩效：

（1）师生比。师生比是全部在编专业教师人数与全部在校生人数折合平均本专科学生人数的比例（含来华留学生数，不包括各类成人教育学生人数）。这一指标说明了高校人力资源的利用效率，同时间接反映办学效率。师生比高，说明学校具有较高的管理水平，办学效益良好。

（2）生均事业费支出。通常情况下，学校实力越强、层次越高，在学生培养方面花费的经费就越多。但当条件相同时，对学生培养质量上的差距忽略不计，如果花费的生均培养经费越低，则说明学校办学效益越好、办学成本越低。这一指标在可比的基础上进行以上分析是有效的。但这一指标本身具有双重性的评价特点，因此在评价体系中应仅将其视作其中一项权重较小的参考指标，不将其当作重点考评要求。

（3）学生生均设备费。一般地说，学校要想提高办学质量，就必须加大对学校设备的投入，故本指标越大越好。

（4）教职工人均获取经费额。该指标代表每个教师从总经费中分摊的数额。从平均量上看，该指标可以说明教职工具有怎样的事业发展能力、运营效率与管理水平。在学校发展事业的过程中，教职工的人均经费获取能力随之提高，不同类型的学校的人均经费获取存在一定的差异，但类型相同的学校仍具有可比性。

（5）教学活动收入年增长率。该指标能反映学校在自筹资金、教学活动等方面的动态状况和努力程度，与其他院校进行横向对比，可以了解该学校的财务管理水平与在教学活动方面的具体创收情况。

（6）人员经费占总支出的比重。人员经费占学校总支出经费的比例越高，则公用经费所占比就越低，在事业发展方面真正投入的资金就越少。一般不同高校都有不同的人员组成结构，所以它们在人员经费占比方面就没有可比性，但当学校处于可做对比的同等规模时，人员经费比重的降低就意味着效益与管理水平的提高。因此，该指标数值越低高校的发展越好。

科研绩效：

（1）教师人均科研经费。该指标与学校财务的良性循环之间有密切的联系，可以表明学校财务管理水平和科研的规模与能力。

（2）科研活动收入年增长率。科研事业收入与科研经费拨款均属于高校的科研活动经费，该指标体现出了学校年度科研事业的发展与增长状况。按来源可将科研经费划分为横向经费和纵向经费。横向经费指高校参与社会经济建设，以自身科研能力、生产能力等获取的经费，该指标用于考核高校在经济建设主战场中具备的能力，代表高校凭借自身科技力量参与社会发展竞争的能力。纵向经费的增长代表了学校从上级或各级政府获取经费的能力。科研经费增长率包括纵向与横向两类科研经费。对科研经费所呈现的年度增长比例进行分析，有助于了解学校发展科研事业的速度，在积极组织队伍、加强财务管理、筹措科研资金以及放活科研政策等方面的努力程度。

（3）科技人员人均发表论文、成果和获奖数。该指标反映了科研经费的使用效益。

（4）科技人员科研成果应用转化率。该指标反映科研成果转化为生产力的程度。

自筹能力：

（1）学校自筹经费收入占总收入的比重：

高校通过多渠道集资办学获得的效益与规模可以用学校自筹经费来表示，学校自筹经费包括科研服务收入、校办产业收入、教学服务收入、投资收益、学费收入、其他服务收入、奖学金与奖教金等。该指标可以表示学校资金自筹的努力程度和能力，以及对国家的依赖程度。该指标数值越大，则代表学校自我发展与积累的能力越强。

（2）学校自筹经费年增长率。该指标代表着学校自筹资金的动态状况与努力程度，与其他院校进行横向对比，可以体现出该校的经营状况、财务管理能力与经费自筹能力。

（3）自筹基建经费占基建经费的比重。该指标反映学校自筹基建经费的能力。

资产绩效：

（1）固定资产年增长率。该指标体现了高校资产的增长速度。对于有相同资金规模的学校来说，该指标数值越高，表示学校在科研、教学方面的硬件条件越好，财务管理效果、财务支出结构相对更好，对学校的长期发展越有利。

（2）学校融资收入占银行存款平均余额的比重。这个指标反映高校盘活金融资金存量，积极组织融资活动的成果，是衡量学校财务部门工作绩效的重要标志。

（3）学校其他对外投资收益率。该指标代表了高校全部金融资产年度投资活动效率。该指标体现了高校积极参与投资活动和盘活金融资金的成果，可对学校经济管理工作中的对外投资绩效进行衡量。该指标数值越高，则表示学校获得的投资收益越好。

产业绩效：

（1）校产上交及经营收益年增长率。转化科技成果可以提高校办产业的效益，为学校发展事业提供有效支持。校产净上交学校指以利润、税收及费用（含管理费在内）等形式将全部校办产业上交给学校，而所交数额则为学校在发展教育事业时实际可支配数。学校通过经营活动取得的收益就是经营收益。合计上述两个指标，可了解学校经营活动的动态变化，进而了解学校发展经营事业与产业对学校事业具有怎样的支持力度，也可以此为重要考核指标衡量学校发展产业和进行经营活动取得的效益。由于各学校管理校办产业的模式不同，有较大差异，税、利、费之间没有足够清晰的核算界限，难以用完全成本核算校办产业，且校办产业利税总额未达到可比的核算要求，因此暂不将校办产业净上交比例指标考虑在内。

（2）对校办产业投资收益率。此指标表示为对校办产业投资年初数和年末数的平均数，且本指标从整体上说明高校校办企业的投资收益状况。对校办产业投资收益率越高，说明投资收益越好。一般情况下，该指标小于1。

（3）校办产业资本金利润率。该指标说明了校办产业资产所有者的获利水平。一般来说，这一指标越高越好。

（4）校办产业资本保值增值率。所有者权益是校办产业所有者对产业资产的权益，是校办企业的净资产形态。校办产业的资本保全和增值，是国有资产管理的重要内容之一。在现有条件下，考核这一指标，防止国有资产流失，促进国有资产的保全和增值，符合社会主义市场经济的要求。

## 二、高校决算审计评价体系的构建

### （一）审计评价指标体系

学校年度财务决算审计，要对学校财务状况、财务发展潜力、学校在负债和风险方面的承受能力等做出评价与分析，对现实财务状况进行客观、准确、全面的揭示，并分析原因，进一步改善和加强财务预算管理。为此，应对高校财务发展潜力进行全面评价和考核，并对高校的风向承受能力与负债承受能力做出衡量，将其当作一项考核高校财务绩效的内容。具体考核内容应包括高校负债比率、累计对外负债状况、年末存款净余额、年度总支出与总收入之比、暂付款、借出款数额大小及其比重，以及校办产业的资产负债比率和经营风险等16个发展潜力和风险预警指标组成。

### （一）指标体系概述

1.财务发展潜力评价指标

财务发展潜力评价，主要是针对高校年末财务状况从资金周转、资金运用以及支配权这三个角度对高校负债状况、资金保障、偿债能力进行评价与分析，具体包括12个组成指标。

（1）学校年末借款总额。

（2）学校年末借款总额占学校总经费收入比重。

（3）学校年末存款净余额。

（4）学校年末净存款占学校总支出的比重。

（5）学校年度总支出与总收入之比。

（6）自有资金动用程度。

（7）其他资金占用程度。

（8）年末垫付资金总额。

（9）应收及暂付款占年末流动资产的比重。

（10）学校资产负债率。

（11）校办产业长期负债总额。

（12）校办产业资产负债率。

2. 财务状况风险预警评价指标

财务状况风险预警评价主要是从财务预警系统的角度，对高财务资金营运风险边界发出预报，确保资金运作安全、合理和有效。

（二）具体指标介绍

财务发展潜力评价指标包括以下几方面。

（1）学校年末借款总额。该指标表示在年末时，学校从校外借入的货币资金形态的款项（有一定利息）的年末总金额数，可用于后勤、教学、基建、科研等各个方面。不与校办产业负债同时考虑。该指标数值形容了学校财务风险高低的绝对量，指标数值越高，则有越多的借债，说明学校的财务风险越大。

（2）学校年末借款总额占学校总经费收入比重。负债是学校发展的制约因素，它反映学校承受财务风险的程度。借款比率越高，则风险越大，将对学校的发展形成威胁。

（3）学校年末存款净余额。学校年末存款净余额是学校年后的总额。它反映学校在新财政年度可动用的流动资金数，是学校财务运转状况的重要考核指标。年末存款净余额越大，说明学校可支配和周转的财力越强。

（4）学校年末净存款占学校总支出的比重。该指标说明了学校的净存款储备率。这一比例越高，说明学校财务潜力越大；比例越低，说明学校流动资金不足，财务周转可能发生困难。

（5）学校年度总支出与总收入之比。学校年度收支比指的是学校当前年度的总支出经费与总收入经费的比值。如果前者大于后者，即比值大于1，说明当前年度学校财务呈现赤字和负债，历年结余财务已被动用。该指标数值越大，则学校在运转财务方面的困难越大。如果比值小于1，则证实学校财务处于正常运行状态。

（6）自有资金动用程度。该指标代表累计结余的所有的学校可支配事业基金中，用于向外借款和对外投资的动用资金在全部事业基金中的占比。借出款与投资资金之和就是动用资金。学校年末的事业基金余额就是自有资金，可为学校自行支配，而自有资金动用程度越高，代表学校能自行支配使用的财力就越少，就有越大的风险。

（7）其他资金占用程度。学校中常常有一部分资金用于专项事项中，该资金为其他资金，原则上此类资金必须专款专用，不可随意挪用。但还是有学校会私自占用、挪用专项资金。其他资金占用通常为投资基金、借出款、应收及暂付款等款项的占用，常在资金周转中用作垫支款（暂以应收及暂付款减去学校收入总额 ×20% 代之）。其他固定基金与资金则属于学校有专项用途不能占用和占有的资金（包括负债），在其他资金中被占用的部分占据全部其他资金的比重，可以用来表示其他资金的被占用情况，该比重越高，则有越大的财务风险。

（8）年末垫付资金总额。该指标指学校年末所有借出款、应收及暂付款相加的总和，学校通过针对不同科目核算全部借出款、应收及暂付款，可以求得这一指标数值，数值越高，说明学校财务管理水平与资金使用效益越低，学校运营规模对本指标有较大影响。

（9）应收及暂付款占年末流动资产的比重。学校年末应收及暂付款总额占学校全部流动资产（年学校资产总额减固定资产和无形资产）的比重，是用相对数来反映高校资金使用效益和财务管理水平，它排除了学校规模上的差异性，增加了不同规模院校之间的可比性。这一指标数值越大，说明学校的财务风险越大。

（10）学校资产负债率。该指标为学校负债总额占据全部资产的比例，是学校校级财力资产负债情况的数据说明。不具备负债运营的条件是高校不同于一般企业的一大特点，因此只能在分析该校财务状况时可以将该指标当作一种分析学校财务风险状况的可用工具。该指标数值越低，则学校有越多的净资产，说明学校的财务风险越低。

（11）校办产业长期负债总额。可以全部校办产业年度长期负债总额说明校办产业的负债规模，校办产业规模越大，产业风险也相应扩大。

（12）校办产业资产负债率。校办产业负债总额占据学校全部资产的比重就是该指标，以此可以了解学校长期偿债能力的大小。该指标数值越高，学校财务风险越大。尤其当前校办产业产权并未达到十分清晰的程度，学校要面临更大的连带风险。校办产业发展与经营同样需要有适度的资产负债比率。

财务状况风险预警评价指标包括以下几方面。

反映支付能力的指标：

本指标用学校年末货币资金结存额与全年各类支出的月平均额相比，以预测高校近期正常的支付能力。具体包括两个分析指标。

（1）现实支付能力。该指标是用年末全部货币资金结存额与全年月均支出额相比，计算出年末结存货币资金可供正常支付的周转月数。该指标值越大，表明现实支付能力越强，反之则越弱（预算拨款一般按季度下达，现实支付能力的警戒线划在3个月）。

（2）潜在支付能力。该指标是用年末全货币资金的结存额加上可变现的债券投资、应收票据、借出款，减去借入款、应缴财政专户和应交税金的值，与全年月均支出额相比，计算出年末速动资产减去流动负债后的资产可供正常支付的周转月数。该指标值越大，表明潜在的支付能力越强，反之则越弱。

反映年末货币资金构成的指标：

①非自有资金余额占年末货币资金的比重。所谓非自有资金，是指在正常情况下所有权不属于学校的经费，如各类负债和年末的未完项目收支差额。

②自有资金余额占年末货币资金的比重。年末银行存款十年末现金自有资金代表的是学校的自有财力，可由学校自行支配，其中包含事业基金中的专用基金与一般基金。由于不能动用专用基金中的留本基金，所以其作为自有资金，应被从专用基金中分离；正是由于专项经费的年

末结余（指会计报表中"未完项目收支差额"）代表的是未完工的年度结余专项经费，包括事业收入余额、经营收支余额与科研项目经费等，专项经费也不属于学校的自有财力。虽然学校能临时调度该经费，但学校一方没有真正的使用权与支配权，因此该经费不属于学校的自有资金。当这些专项费用对应的项目完成后，其就会成为专用基金和事业基金，同时也就转化为了学校的自有资金。所以，学校年末结余的专项经费不属于自有资金。

自有资金余额占年末货币资金的比重越大，表明学校可支配的自有资金越多，反之则越少。当该指标值小到一定程度时（参考比重：50%～60%），表明学校可支配的自有资金到了警戒线，出现了潜在的危险。

（3）自有资金净余额占年末货币资金的比重。自有资金净余额指的是高校无资金来源、未列入综合预算、垫支暂付款的支出，如专项工程垫款、基建投资超支垫款、有一定年限账龄的暂付款、公费医疗超支垫款等。此类支出是导致学校产生隐性赤字的一大重要因素。自有资金净余额不能通过原来的会计报表体系体现出来，因此依靠预警系统进行分析时，应提醒各个学校对此类问题予以重视。但结合财务分析的需要，最好还是应将自有资金净余额加入到新报表体系中。在应收及暂付款中扣除非正常周转垫款后剩余的部分自有资金金额就是自有资金净余额，该指标越大，则证实学校有越多的实际可支配自有资金。

反映资金运用程度的指标：

自有资金运用程度。自有资金动用程度是指应由自有资金负担的年末应收及暂付款中非正常周转垫款、对外投资、借出款占自有资金的比重。该指标值越小，表明自有资金动用越少，可供学校发展的资金越多；该指标值越大，则学校未来的发展越有可能受到制约。

反映隐性连带财务风险的指标：

①校办产业财务风险。校办产业通常有独立法人，校办产业参与的经营活动不会受到财务预警系统的监测。然而，从当前产权管理关系与司法实践两方面上看，全资校办产业对应的无限、全部的责任都需要由学校负责。如果校办产业需要进行破产清算，学校必须要负相应的连带

责任，从而严重影响学校的财务状况。学校要按授资份额对校办产业资产负债承担责任，即为校办产业财务风险，该指标越小，说明风险越小。

②基建投资支付能力。基建投资支付能力是指主管基建投资的部门为保持正常运行，同时保证基建项目顺利完工所拥有的偿债或付款能力。它用基建借款与基建应付账款之和与基建年末货币资金的比值体现。指标值越小，证明支付能力越强；反之，则支付能力越弱。

③基建投资财务风险。基建投资财务风险是在"基建投资支付能力"指标基础上考察基建借款和基建应付账款超出年末基建货币资金部分占自有资金净余额的比重，即将基建负债与学校自有资金净余额相比，计算由基建带来的连带财务风险。该指标值越小越好。如果为负数，意味着基建投资本身有足够的支付能力，不会给学校主体业务带来风险。

根据专家测定和实证分析，各指标预警界限确定如下：

（1）支付能力。高校经费中最可靠、最稳定的经费来源莫过于国家拨款，其涵盖了教育经费和科研经费拨款。拨款一般根据预算按季度下达，所以我们将现实支付能力的警戒线划在3个月。一般可供周转月数低于3个月时，就极有可能出现无法支付的情况，应及时采取措施，如压缩支出、增加货币资金存量。

（2）年末资金结构。年末资金结构分析的是年末自有资金、非自有资金、自有资金净余额占货币资金的比重，自有资金所占比越大越好。根据量化指标所确立的警戒线表明，最理想的分布占比是非自有资金与自有资金占比均衡。换句话说，就是如若自有资金难以达到年末存款的一半，就要引起注意，适时采取必要措施，更改资金结构。当财务状况稳定时，年末存款中的自有资金占比在54% ～ 60%，若低于该区间值时，就要引起注意并及时采取措施。

# 第三章　高校绩效审计

# 第一节　高校绩效审计概述

## 一、绩效

"绩效"一词来自管理学。在英语中用"Performance"来表示，其主要含义是成绩和效果，包括经济、效果、效率这三个方面的内容。经济方面主要是指降低投入的成本；效果主要是指目前的产量和终极目标相比，产量达到或超过目标要求的程度。效率是一个经济体的投入和产出的比例。最后，我们简单地对绩效进行定义，那就是被评估过的工作行为、方法和产生的结果。

关于绩效的内涵，可以从多个不同的角度进行深度分析，下面我们就从管理、经济和社会学的角度进行分析。首先，从管理的角度来看，绩效涉及两个方面，那就是组织与个人。为了不同层次上的目标可以实现，组织会为此进行投资，从而达到组织所想要的有效产出。个人绩效必须作为组织绩效的基础，但个人绩效并不能保证成功获得组织绩效。如果按照一定的参照对组织绩效划分后，再将其分配到个人或者某个部门，而且个人或者部门能够顺利达成分配的每一项工作，就可以实现组织绩效。其次，从经济学的角度来看，绩效是组织与个人之间的相互承诺。根据组织绩效的要求，个人需要做出相应的承诺，如果承诺兑现，组织就会给予个人对等的承诺来回报给个人，这也是市场运作的基本原则——对等原则。最后，从社会学的角度来看，绩效是人在社会中所扮演的角色和在社会分工中所担负的责任。每个社会人在社会中的各项权利都是由他人的绩效来保障的。这种限制性的关系使每个社会人都会努力完成自己的任务，从而获得绩效，最终换取相应的回报。

## 二、绩效管理

绩效管理是管理人员定期检查和评价员工在企业经营中的行为状况和结果，并且与员工沟通将要完成的目标，最终达成共识的系统行为。

绩效管理可具体扩展到以下几个方面：首先，绩效管理这种管理活动具有双向性；其次，绩效管理的任务是管理员工的行为与结果；最后，绩效管理具有持续性和周期性。

## 三、绩效审计管理

审计主体为了达成组织的目标，使审计的高效性、有效性和经济性得到充分发挥，从而对审计活动和审计关系有计划、有组织地进行调控，推动了绩效审计管理的形成。在审计活动中，绩效审计管理属于其中的重要组成部分，但也是独立的存在。

## 四、绩效审计

### （一）管理审计

所谓管理审计，其目的是使企业的管理质量和水平得到提高，根据被审计对象在计划、领导、管控等职能方面的表现进行审核，从整体上推动被审计对象的经营向更经济、高效的目标发展。

随着经济和审计的不断发展，管理审计的产生是必然的。审计人员为了促使被审计对象资源配置更加高效，会对其行为进行监督、检查和分析。

### （二）效益审计

在整个审计范围中，效益审计属于其中的一种形式，它不能与管理责任分开分析。所以，对效益审计的简单概括就是对被审计对象的活动进行监督和评价，并对其应该承担的责任进行分析。

效益审计就是国家的审计机关对政府部门的预期职能或工作经费、项目、政策的实现是否达到或超过了既定的要求，所采用的方法和手段是否经济且有效等进行审计。

### （三）绩效审计

绩效审计的定义并不是单一的，其名称也因国家而异。所以，绩效审计存在着多种不同的定义。但它们的核心是不变的，其定义都是围绕着三个要素而进行的，既经济、效率、效果这三个要素。对于绩效审计，国际最高审计机构给出了最为权威的定义。那就是对被审计对象利用资源来实现自身职责的经济性、效率性、效果性进行的审计。

为了适应目前不断变化的经济环境，绩效审计也在不断更新。原来的 3E 已不适用于发展的需求，现已发展到 5E，增加了两个新的内容，即公平性与环境性。绩效审计的定义是一个构架，其中包括主体、客体、审计目标、审计职能、审计范围。一般审计机关就是主体，偶尔也会涉及一些非政府的审计中介机构；审计客体存在于组织与项目中；审计目标一般在 3E 或 5E 左右；对工作进行监督和评价是审计的主要职能；绩效审计的范围很广，机构和项目审计都在其范围之内。

### （四）三者之间的区别与联系

对于企业来说，管理审计在某种程度上体现了经营的效率。所以，有时管理审计还有其他称谓，那就是绩效审计。在很多国家，最初的绩效审计都被称为管理审计，后来在慢慢的发展中，绩效审计才得以形成。

对于效益审计来说，它与绩效审计有着非常小的区别，现在的很多国家也没有将它们真正区分开。而且，英文版的效益审计和绩效审计都用 Performance auditing 来表示。随着绩效审计在我国的审计署出现，这个称谓得以流行开来。

## 五、高校绩效审计

### （一）高校绩效

高校绩效就是从经济、效率、效果这三个方面对高校各部门的工作进行评价和分析。具体实施方法是以时间段为界限，对高校的总投入和总产出进行综合性的评价，从而了解高校整体的绩效水平。

对高校进行绩效评价主要是为了使高校能够良性发展，而在对高校进行评价时，通常会以投入及产出的比作为依据，争取获取差异性的评价结果。注重效益，并将现存量产生的影响加以弱化，可使高校在利用资源时的力度和效果被集中反映出来。

### （二）高校绩效审计内容

高校绩效审计的对象一般是校内各个部门的工作，具体对高校的资金利用率和占用进行权衡，对投入与产出的比进行分析，并采用具体的量化评价方法——成本收益法进行评价，进而对学校整体的资源利用率进行综合分析和评价，通过评价提出具有建设性的建议，使资源得到高效利用，使办学效率得到提升。

高校绩效审计会根据定义来确定内容，且针对高校的所有部门，具体来说包括管理职责、人力资源、资金、管控等。

## 六、绩效审计质量控制与风险管理

### （一）绩效审计质量控制

质量一词是从工业企业的管理理论和实践中得来的，它具体是对服务或者产品满足显性和隐性需求能力和特点的反映。质量一词被引入审计领域是在 2004 年，被 ASOSAI 所引入，ASOSAI 是世界七大区域审计组织之一，也是亚洲最高国家审计组织。关于审计质量的概念有以下两种说法：第一，是审计工作；第二，是审计产品。这两种看法是从两个不同的角度对审计质量进行了概括，那就是审计过程和审计结果这两个角度。因为审计工作所处的环境和采取的方式是不同的，所以对于绩效审计工作质量和产品质量可能会比较侧重其中一个方面，也可能将两者同时视为重点。

以审计质量为基础，绩效审计质量控制得以形成，有关审计质量的含义和特性，它全都包含在内。在这个前提下，其还具有绩效审计个性特色，从而形成了自己的内涵。绩效审计质量控制指的是绩效审计组织为了使审计过程符合专业技术质量标准的要求，而采取的一些资源配置活动，如建立实施规范、组织控制体系等。事实上，审计过程才是绩效审计质量控制的对象，而审计人员则是审计过程的主体。由此我们也可以知道，审计行为是其控制对象，而资源配置和质量控制最终影响的也是审计师行为。然而，审计行为是无形的，致使载体出现来承担审计的行为轨迹。其实，这些载体具体就是审计信息数据和书面资料等这类可操作性的东西。

### （二）绩效审计风险管理

绩效审计风险就是指审计主体在分析完审计对象的经济、效率、效果以后，发现所得出的结果与实际情况不一致而导致损失和经济责任，需要对其负责的可能性。具体而言，在审计项目过程中，审计主体可能因不恰当的审计方法，或者对审计事项进行了错误判断，从而提出了错误的审计意见，而利益相关方对此情况提出指控，导致审计客体蒙受一定损失的可能性。从审计主体的角度看，绩效审计风险产生主要是因为自身在绩效审计中审计方法和程序使用不当，且未能尽快察觉，或对于审计事项做出了错误判断和估计，从而使提出的意见也存在问题，甚至有可能造成损失。绩效审计风险管理是审计人员识别、评价和控制绩效审计风险所采取的手段和方法，它具有系统性和规范性，它以尽可能降低审计风险，使审计质量提升为主要目的。

### （三）绩效审计质量控制与风险管理的关系

质量控制与风险管理之间成反比关系，因此绩效审计质量控制也和风险管理成反比关系。审计质量变高，风险就会变低。但是，两者又是相辅而行的。所以，为了避免质量控制、风险管理、风险产生混淆，就要对三者进行区分，这是非常重要的。

## 第二节　高校绩效审计质量控制与风险管理优化

### 一、高校绩效审计管理优化的相关理论

#### （一）六西格玛理论

六西格玛（6 Sigma）既是一种质量控制方法，又是一种流行的管理理念。将六西格玛理论与绩效审计结合，以精益管理方法全程监控绩效审计工作，使其更加精准的完成审计工作，发挥审计功能。

六西格玛的概念包含两个方面，即：统计学和管理学。

在统计学层面上，$\sigma$是统计学中的"标准差"，主要用来衡量一组数据或过程输出结果的离散程度，以此来评估产品或生产过程波动的大小。因为其本身能够反应质量水平的高低，所以六西格玛用$\sigma$来确定过程绩效。

$\sigma$在数理统计中表示正态分布的标准差，但在这里已经被赋予了新的内容：一种新的过程质量衡量的标准。用公式来说明：

$$Cp = \frac{USL - LSL}{6\sigma}$$

$Cp$———：过程能力指数

$USL$———：质量特性的规格上限

$LSL$———：质量特性的规格下限

$\sigma$———：标准差

$$\sigma = \sqrt{\frac{\sum_{i=1}^{n}(X_i - u)^2}{N}}$$

$X_i$——个体观测值

$u$——总体平均值

$N$——总体容量

$\sigma$有时也用 Z 来表示，Z=6 表示这个过程作业有 6 Sigma 的能力过程。Z 值越大，$\sigma$水平越高，过程满足质量要求的能力越强；Z 值越小，$\sigma$水平越低，过程满足质量要求的能力越差。

6 Sigma 是一种度量过程的标准尺度，具有他的客观性。如表 3-1 所示：

表 3-1　6 Sigma 数值表

| 6 Sigma | PPM 值 | Cp 值 | 正品率（%） |
|---|---|---|---|
| 1 $\sigma$ | 691500 | 0.33 | 30.85 |
| 2 $\sigma$ | 308537 | 0.667 | 69.15 |
| 3 $\sigma$ | 66807 | 1 | 93.32 |
| 4 $\sigma$ | 6210 | 1.33 | 99.38 |
| 5 $\sigma$ | 233 | 1.667 | 99.977 |
| 6 $\sigma$ | 3.4 | 2 | 99.99966 |

在管理层面上，六西格玛的内涵聚焦在几点上：以顾客为关注中心；聚焦流程的改进；基于数据和事实驱动的管理方法；主动性的积极管理；无边界的通力合作；追求完美但容忍失误。

### （二）受托经济责任论

绩效审计作为一种独立的经济监督活动，因受托经济责任的产生而产生，并伴随其发展壮大。绩效审计产生和发展会受到所处的特定社会受托经济责任关系的直接制约。

财产所有者对经营管理者在契约中规定的责任叫做受托经济责任。因此，受托经济责任的产生是"两权"分离的结果。对受托经济责任的概念理解存在很多形式，从基本层面讲，受托经济责任是报告说明责任，是责任承担人向有关方面报告说明其行为过程与结果的责任。

受托经济责任可以以不同的标准进行分类。按内容分为公共受托经济责任、组织内部受托经济责任、公司受托经济责任；按形式分为结果性、程序性和社会性受托经济责任；按形态分为单一型、双重型和多重型受托经济责任。

### （三）管理优化理论

管理优化也可以称为优化管理（Optimal Management）是指企业管理者在特定环境下，对内部组织的各类资源进行有效配置，选择优良组合，以便实现确定目标的实施过程。它是人本管理，其有效性集中体现在以最少的资源投入，取得最大的合乎需求的产出，获得最佳的效率和效益。优化管理的主要内容是：对企业内部人员理念、组织结构、产品需求、资源利用、工作机制等五个方面，形成有效的管理模式，从而为实现企业确定的目标服务并起到保证作用。

本文界定，对于高校绩效审计质量控制与风险管理优化主要体现在工作机制上。进一步阐明指高校绩效审计质量控制与风险管理工作方法的优化改良。

## 二、高校绩效审计质量控制与风险管理优化方案设计

### （一）基于六西格玛的高校绩效审计质量控制

六西格玛为主体的绩效审计工作质量控制体系构建，是一个复杂的过程，他需要做多方面的努力，包括人力、权利、财力等等的支持，特别是来自领导层的支持。这一过程将很难实际量化的绩效审计程序的各个过程进行量化处理。运用六西格玛管理中常用的DMAIC业绩改进模式，最终为高校的各项活动创造利益。下面分析DMAIC原理导入高校绩效审计质量控制的过程。

六西格玛模式为解决实际工作中问题的重复出现而建立的DMAIC方法，主要分为定义——测量——分析——改进——控制五个密不可分的阶段，其中包含了许多基于数据解决问题的工具来分析问题的实质。由此来找出解决方案，建立优化方案保障，促进日后深入探究与再利用。

DMAIC 过程活动要点及其工具如表 3-2 所示。

表 3-2　DMAIC 过程活动要点及其工具

| 阶段 | 定义 | 活动要点 | 工具 |
|---|---|---|---|
| 定义（Define） | 确定改进活动的目标。高层次目标可以是组织的战略目标，如绩效审计带来的收益。在作业层的目标可以是加强质量控制的强度。在执行项目层级，目标可以是降低绩效审计的缺陷以增强工作职能 | 明确问题 | 1. 头脑风暴<br>2. 柏拉图<br>3. 质量功能展开<br>4. 流程图<br>5. 质量成本<br>6. 因果图 |
| 测量（Measure） | 测量现有过程或体系。制定合理的可靠的衡量标准监督过程的进度 | 确定目标的期望值 | 1. 过程能力分析<br>2. 测量系统分析<br>3. 过程流程图 |
| 分析（Analyze） | 分析过程或体系以确定应用那些方法来消除目前业绩与目标之间的差异。应用统计技术来指导分析 | 确定关键因素 | 1. 多变量图<br>2. 假设检验<br>3. 直方图<br>4. 个回归分析<br>5. 差方分析 |
| 改进（Improve） | 改进过程或体系。运用新方法、新观点，新理论，勇于创新，大胆开拓，达到预期的目标。应用鲜明管理、目标管理等管理工具，应用统计方法来确认这些改进 | 消除或减小关键因素 | 1. 质量功能展开（QFD）<br>2. 实验设计（DOE）<br>3. 展开操作（EVOP） |
| 控制（Control） | 控制过程或体系。通过激励机制、方针、目标等使改进后的绩效审计质量控制体系或过程制度化 | 保持成果更新 | 1. 统计过程控制（SPC）<br>2 过程能力指数（Cp）<br>3. 标准操作程序（SOP）<br>4. 过程文件（文件）控制 |

1. 第一阶段 D——定义

（1）定义阶段的基本信息

所谓 D（Define）即：确定需要改进的绩效审计过程或某一程序，决定此项目需要什么资源。定义的目的是寻找并认同绩效审计质量缺陷中重复发生的瑕疵，并将其定义为关键性影响因子，分析与之相关的流程，重点监控假以纠正。找准要解决的问题是此阶段的关键，它包括正在做什么？为什么要解决这个问题？谁是目标顾客？目标群体的需求是什么？过去的工作是什么？对工作改进能取得怎样的效益？这些需要思考的基本问题会驱动我们以新的方式去分析之前经常被我们所忽视的问题。在此基础上建立绩效审计相关的六西格玛团队，并让团队每一成员和审计人员认识到此项目的价值。

此阶段的主要任务是：编制项目特许任务书；收集数据；分析已有程序与问题的数据；使用过程流程图界定范围。代表性工具：头脑风暴法，亲和图，树图，流程图，SIPOC图。

（2）定义阶段的具体实施过程

步骤一：绘制高校绩效审计SIPOC图（见图3-1）

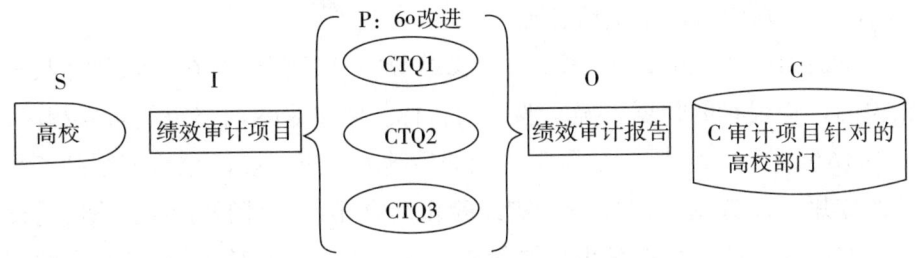

图 3-1　高校绩效审计 SIPOC 图

图中CTQ1、CTQ2、CTQ3代表高校绩效审计的关键步骤。

步骤二：确定进行此六西格玛项目的资源

主要是人力、财力和信息资源。三者之间的关系如图3-2所示。

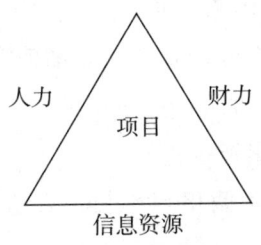

图 3-2　人力、财力和信息资源的三角关系

步骤三：管理层对项目的审批工作

六西格玛项目是改善和提升高校绩效审计过程的系统工程，它需要

一定的人力资源，财力和信息化资源作为支撑，而这些资源的有效合理调配是要经过领导层的审核批准方能使用。因此，为了更好地发挥项目的功效，提高绩效审计的质量并降低审计风险，就只有获得管理层的同意并给予支持，才能集合集体的智慧和广大工作人员的力量，最终实现六西格玛项目和高校绩效审计的双重成功。

步骤四：寻求解决问题的方式方法

首先集合大家的力量分析会产生什么样的潜在问题，并思考这些问题会带来怎么样后果及后果的严重性程度。其次分析问题的原因，并找出导致问题产生的影响因素，并对此采取相应的预防措施。最后制定应急计划和预警系统，以防止问题的再次发生。

2. 第二阶段 M——测量

（1）测量阶段的基本信息

所谓 M（Measure）即测量。定义绩效审计过程中存在的缺陷并收集相关的过程现状的数据，确定改进的目标。测量是六西格玛的重要程序，是 DMAIC 的第二阶段，是界定功能的后续，对下一阶段分析期起到了承接的作用。以数据为依托与事实经验相结合驱动审计程序的规范性是此阶段的主要特征。数据是审计测量阶段的关键，也是整个 DAMIC 方法实施的关键。测量过程也可以称之为具体实物赋值过程。通过对测量阶段数据的分析与评估，可以对问题有一个直观的定量认识并以此为基准把握整个项目的大方向。

此阶段的具体任务为：对现有高校绩效审计测量系统的再认识（倾向于找出适合的项目测量体系，形成专有指向性）；过程评估，数据采集，绘制具体的流程图，为分析并消除非增值审计程序奠定基础。

测量方法包括排列图、时间序列表图等。

（2）测量阶段的具体实施过程

对高校绩效审计开展六西格玛项目，在进入测量阶段时应遵循数据的客观性和相关性原则。审计数据是此阶段的重要支撑，对数据收集和分析的好坏会直接影响下一步项目的工作。

步骤一：选择可能项目 Y

对高校绩效审计进行分析，从所有可能的 Y 中划分优先次序并从中选择一个项目 Y。同时确定项目的合理范围，并确保这个范围不能脱离管理而在一个可管理的范畴内。

步骤二：确定项目 Y 的性能指标体系

对于项目 Y 的性能指标的确定，实际上是定义其可接受范围，他与审计结果的需求有关。性能指标从本质上看是取决于审计客体本身或审计过程，它可以是单边的一个界限，也可以是双边的上下限。

步骤三：编制项目数据的收集计划和确认使用的测量系统

编制计划书的方式有很多种，形式并不一定要求统一。可以根据具体项目的性质进行适当的选择，或者根据项目的情况自行编制一种形式。主要的目的是要完成收集数据并开展测量分析的工作要求。

步骤四：收集项目 Y 的数据

在数据收集的过程中会出现很多的阻力，这些阻力很可能使我们的工作从此停滞。因此在开始工作之前要确保得到相关领导层的支持，并说明其项目的重要意义。对于收集过程中意外发现的阻力对项目的正常运行而产生影响，要做好应对的思想准备。同时要对数据收集工作的人员进行相应的培训，以保证项目完成。收集数据的过程并确定数据的潜在性，并记录数据。

步骤五：计算项目 Y 的过程能力

对收集的数据进行分析整理，并根据分析后的数据计算过程能力 Z 值。

$$Z_{USL} = \frac{USL - X}{\sigma} \quad Z_{LSL} = \frac{\overline{X} - LSL}{\sigma}$$

$$a = \sqrt{\frac{(X_1 - \overline{X})2}{N - 1}}$$

$USL$——：质量特性的规格上限

$LSL$——：质量特性的规格下限

$\sigma$——：标准差

$X_i$——个体观测值

$\overline{X}$——总体平均值

$N$——总体容量

步骤六：针对性的设计改进的目标

根据上述程序计算的过程能力 Z 值并对照 DPMO（每百万机会的缺陷）

设定项目的改进目标。如：确定改进的水平，提供侧重的目标，决定为此改进的方式，修正利益估计。

3. 第三阶段 A——分析

（1）分析阶段的基本信息

所谓 A（Analyze）即分析。对绩效审计过程测量阶段中搜集的数据进行分析汇总，从中确定并排列出影响高校绩效审计质量的重要变量。分析是运用测量系统所产生的全部可用数据，对原因与缺陷的相互关系进行量化分析，找出低效率的根源。此阶段是 DMAIC 最难预见的阶段，团队的成员应该仔细全面的研究前期的数据资料，增进对过程和问题的直观感受，并分析问题的原因，实施有序的分析步骤去探寻问题的根源。分析阶段所要解决的问题有很多，主要有收集数据的工具是什么？数据的可靠性问题？哪些因素根据分析会成为主要的因素？对于这些问题有时是显而易见的，有时又是隐藏在文件、程序之中。因此需要我们使用各种工具和观点去细心的对此进行分析，从中找出正缺的结果。

此阶段的基本工作有：深入分析前面工作中所获得的全部信息；找出关键问题发生的位置，追踪问题源头；确认过程低效的因素。

主要工具有因果图、散点图等。

（2）分析阶段的具体实施过程

步骤一：将影响高校绩效审计质量过程的因素（即变量 X）全部进行列示。如表 3-3 所示。Y 与 X 之间的关系可用函数 $Y = f(X_1, X_2, \cdots X_n)$ 表示。

表 3-3　项目输出输入图

| 项目 | 变量 |
|------|------|
| Y | X1，X2，……Xn |
| 输出 | 输入 |

步骤二：找到具有重要性的过程变量值

将所有的过程能变量因素列示之后，关键的工作是找出具有重要性少数对项目具有重大影响的过程变量。这是我们进行分析的突破点。对于这些关键因素的寻找是需要专业的技术和专业的人员才能够顺利地完成。要能够在过程中深入分析，善于发现潜在的过程变量。

步骤三：进行量化的财务分析

财务分析是对项目或过程的质量成本进行分析，具体分析方法不再赘述，可参考财务分析的相关资料。

4. 第四阶段 I——改进

（1）改进过程阶段的基本信息

所谓 I（improve）即改进。实施优化的解决方案，并确定该方案能够满足或超过绩效审计质量改进目标。改进的重点主要放在对高校绩效审计过程的完善，减少导致缺陷产生的因素，制定优化措施。六西格玛团队成员运用创造性的思维方式去寻求改进方法，在多方案中反复斟酌产生优良效果的大小，从其最优。在改进阶段，要明确如何去对过程自变量 X 进行改进，达到怎样的值域范围才能使得 Y 进入最佳的状态。

为达到改进 X 以优化 Y 的目的，改进阶段中最有效的手段和工具就应该是实验设计（design of experiment DOC）。主要过程是安排一些实验，并严格按照事先的计划操作，从中获得数据并进行分析，得出我们所想要的并获得该项的途径。

（2）改进阶段的具体实施过程

步骤一：根据现有条件拟定改进的方案

要根据其特点进行设计，制定出合理的改进方案，一步一步稳健的进行。主要的过程是：对 DOC 设计进行精心的筛选；性能的实验设计；优化已有的 DOC 设计。

在这里必须要强调一点，DOC 设计是非常耗费人力、物力和财力的，所以每一步都需要谨慎的对待。同时经过因素分析我们可以看出有些因素是可控的但有些则是不可控制的，因此在进行实验设计的时候要考虑一个因不可控因素所带来的误差，在此处我们用 $\beta$ 来代替。

这样一来 Y 与 X 之间的函数关系式就要发生一些简单的变化：

$$Y = f(X_1, X_2, \cdots X_n) + \beta$$

其中 $X_1, X_2, \cdots X_n$ 代表了可控因子，$\beta$ 代表误差。

步骤二：对拟定的方案开展实验工作

根据上面拟定的方案开展 DOC 实验，目的是为了分析方案的可行性及实施方案会带来的主要结果。还以界定阶段对高校专项资金绩效审计为例进行分析。取过程中的三个影响因子 A、B、C；A 代表人力资源，B 代表审计技术，C 代表审计制度。

表 3-4　三因子正交实验代码表

|  | A | B | C |
|---|---|---|---|
| 1 | -1 | -1 | -1 |
| 2 | 1 | -1 | -1 |
| 3 | -1 | 1 | -1 |
| 4 | 1 | 1 | 1 |
| 5 | -1 | -1 | 1 |
| 6 | 1 | -1 | 1 |

主要根据表 3-4 进行实验，-1 代表低水平的发生，1 代表实验的高水平。总共进行 6 次实验。

步骤三：进行持续的改进

将过程进行持续的改进，优化实验设计，使最终的目标达到审计结果受用者满意甚至超过的程度。

5. 第五阶段 C——控制

（1）控制阶段的基本信息

所谓 C（control）即控制。保证对绩效审计过程的改进一经实施就能够持续下去，并最终确保过程不会回复到原来的状态中。控制主要分为两个层次：一个层次针对审计实施项目本身。监督质量控制全程，并根据实际情况在发生的节点上将与现实目标相偏离处及时采取控制措施。另一个层次是针对过程成果本身。对高校绩效审计全程的质量控制过程所创造出的成果采取保障措施，为日后的再次使用提供经验和借鉴。控制是 DMAIC 的最后一个阶段，也是维持项目成果的重要阶段。一旦放松对此阶段的工作，会突然回到原来的位置。控制的目标是很清晰的，当改进完成，结果确定后，仍然要持续保持对过程的监控。如果没有控制阶段的努力工作，以改进的过程会很容易回复到原来的状态上。对于已实现的收益起到抵减的作用，阻碍工作的进一步开展。

此阶段的相关工作有：绩效审计全程工作的整理再分析；相关重点

文件化，针对项目组织员工学习；将关键进行重复实验，找出快速控制的应急保障方法。

工作的重心主要集中在构建完善的监控机制，确保过程以实现改变；建立应急机制，处理可能出现问题；努力将工作人员的注意力集中在少数关键变量 $X$ 的测量上，并根据其结果分析这些取值以及如何通过控制他们来达到监控终极结果 $Y$。

（2）控制实施的具体过程

步骤一：对过程进行监控并保持过程的稳定性

过程的变化是多样性的，既有必然因素也有偶发的事件影响。因此就要对过程采取必要的措施进行控制，将过程变量的波动幅度控制在理想的范围内。

步骤二：将过程实体文件化加以保存，为今后的工作提供经验指导

整个过程经历了一个严密的程序，当工作结束后对此进行文件化的保留工作可以为今后的工作提供指导。同时为今后开展的工作奠定良好的基础，节约成本。

步骤三：经验交流学习

六西格玛的项目的工作过程也是一个交流学习的过程。通过整个阶段的项目改善实施，会清楚地分辨出改善了多少，成本的节约状况，并且这些都可以用数字来加以直观说明。因此，对于此项目我们要稳健的一步一步地去实施。

（二）基于质量控制的高校绩效审计风险模型的管理优化

1.高校绩效审计质量控制对风险的影响

面对高校审计环境的限定，绩效审计在高校的开展所产生的风险主要指两个方面：一是高校绩效审计主体所承担的风险。它主要指当审计部门人员开展绩效审计过程中，由于审计方式方法的采用不当和质量控制的缺失或不充分所造成的审计偏差，继而产生审计报告的偏差，这种偏差会对审计人员自身带来风险，需对此承担责任；另一个是绩效审计报告的使用主体高校。当绩效审计失效，质量控制没能取得相应的效果时，绩效审计报告就会误导信息的使用者做出错误的决定，继而产生重大损失。

根据之前的阐述可以明确，风险本身来源是不确定的，它的出现会伴随损失的产生。审计风险是指审计的主体产生损失的可能性，而这种可能性通过间接的手段能够进行度量。通常情况下，在一项具体的绩效审计项目中，审计风险和审计质量是负相关的，即当审计质量得到提升时，必然带来审计风险的降低。具体可以给出以下的表达式：

审计风险概率 =1- 审计质量保证概率

作为审计质量的终极衡量标准的审计目标与审计责任之间还有决定的关系。审计质量可以通过审计目标完成的质量或审计责任的履行情况来衡量。审计质量的三个衡量标准为：法规制度（最低）、职业标准、社会期望（最高）。因此基于这三者，审计的责任也是多层次的依次分为：法律责任、职业责任和社会责任。三者之间的关系如图 3-3 所示。

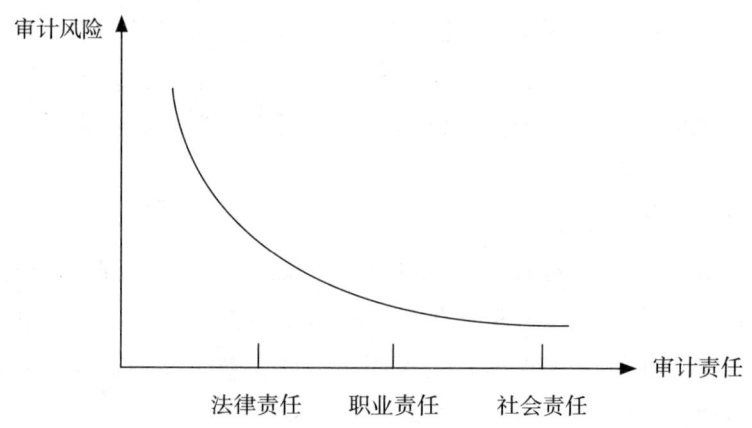

**图 3-3 审计质量、审计风险与审计责任的关系曲线图**

由图 3-3 可以看出，审计质量是由审计责任和审计风险的二维域确定的。当审计的责任从质量要求的最低点到了最高点时，审计风险也从高到低呈现下滑趋势。

从根本上讲，审计质量控制的目的就在于确保审计信息的可行性，权威性。在控制的过程中提升审计的质量，达到降低审计风险的要求。高校绩效审计质量控制主要表现在确保审计机关的制度，规定在高校绩效审计工作的执行上，采取控制措施对审计方案、审计证据、审计报告等等各个环节的控制。高校绩效审计在规范审计行为的同时，保证了审计的工作质量，明确了审计的责任，提高里绩效审计的工作效率，达到审计的科学化。

2. 基于质量控制的高校绩效审计风险模型的优化

我们已经明确了质量控制与风险的内在关系，审计质量的提升为大大降低审计风险打下了坚实的基础。由此，基于质量控制的高校绩效审计风险模型的改进工作也必然为质量控制带来改进。

国际审计和鉴证委员会（IAASB）对审计风险模型的定义为：

审计风险 = 重大错报风险 × 检查风险 =（固有风险 × 控制风险）× 检查风险

该审计风险模型真正要做到能够抵御风险的作用还应该仔细的分析风险的组成要素。审计风险要素由很多因子组成，包括固有的、可控的、抽样的等。实际上审计的风险因素并不是一成不变的就几种人们所知晓的，它是不断地在变化的。它随审计项目和审计环境的不同而不同，即使同一个审计项目在不同的审计环境中，分析的风险因素也不是一成不变的。

对于高校绩效审计来说，首先高校的审计环境决定了在从事绩效审计工作的时候必然要考虑很多与教育有关的因素。其次开展绩效审计又要把绩效审计的特点逐一的考虑进审计风险管理的内容当中，因为审计的目标不一样，审计的工作形式以及采用的工具都不尽相同。在对高校绩效审计的质量控制过程中，由于使用了先进的质量管理手段——六西格玛管理，在整个绩效审计质量控制过程中发挥了巨大的作用，从中找出了绩效审计的过程缺陷，分析出人的因素成为绩效审计工作效率低下的重要原因。而人员的诸多因素当中最让审计失效的当属知识结构的不完整性，这种不完整实际上是由于我们在审计工作过程中忽略了高校的特点，没有做好审计准备工作，在人员配备上没能考虑教育领域专家的作用。在开展高校专项资金绩效审计的过程应该将教育绩效和教育审计融入整个审计过程当中。在基于此种情况的考虑下，我们对风险模型进行了优化，即

审计风险 =（教育审计风险 + 重大错报风险 × 检查风险）× 法律风险

$$AR = (EvR + MR \times CR) \times LR$$

新的审计模型在内涵与外延上都做了一定的补充，更容易在各种各样的环境中发挥功效。我们在这里对新模型再做进一步的说明。

第一，单就教育审计风险来讲，实际上它是一种充分考虑环境变化的风险。如果我们在从事非教育行业的绩效审计风险时，他可以根据具体的环境而改变。因此在这里也可以将教育审计风险看作是一个环境变量风险，在这里用 EvR 来代替。第二，法律风险的加入，是另一个所应该考虑的内容就是审计主体的责任。审计主体的责任所产生的审计风险并由此带来的损失是不能忽视的重要内容。实际上，它也是质量控制对风险的要求。因此，增加在审计风险模型中加入法律风险是必然的考虑，他会使风险模型更加的全面完善。第三，重大错报风险 × 检查风险 × 法律风险是包含了审计过程内部与审计过程外部的最终审计风险。

从优化的模型中我们可以看出来，对 EvR 的控制要给予更多的关注度，他会很容易地就脱离人们的视线，不容易被察觉。另外检查风险的降低会带来审计风险的降低，因为检查风险在审计的过程当中是可控制的。同时还应该关切法律风险，这主要是体现对审计责任的一种关注，实际上也是对审计主体的一种保护。

## 三、管理优化的保障与运用分析

### （一）管理优化保障与运用的分析内容

要想实现审计价值，必须通过两个过程载体。第一，通过高质量完成审计程序，得出最终的审计结果；第二，完成审计过程后，审计对象对审计结果进行落实，并依次依据对自身情况进行改进，使审计结果充分发挥作用。从过程角度来看，对审计结果的管理即对审计结果形成和应用过程进行的管理工作。审计计划、审计质量控制、审计人力资源、风险管理均包含于形成过程。

本文主要分析了绩效审计质量和风险管理过程优化控制后形成的优化方案管理。从形式上看，优化计划的管理由优化过程管理和优化方案应用管理这两个部分组成。前者主要是管理每个阶段和整个过程，不管是质量控制，还是风险管理，在此过程中都起到了关键作用。本文将六西格玛研究引入绩效审计质量控制的优化，所以质量控制程序就是六西格玛的管理程序。六西格码管理方案具有十分复杂的管理过程，要想顺利且有效地完成，就要求专业人员必须采用专业的手段。所以，在这个管理过程中，必须在其中投入额外的人力或者物力，但在投入时要注意不能超过项目资金，不然就会使成本增加，就会影响整个项目的效率，如何解决这一问题，工作人员还需要再进行研究。

优化解决方案的运用流程管理，这不但是对方案进行应用，也是对方案进行测试。控制和优化高校绩效审计的质量是由审计团队花费大量的人力、物力和时间才得以形成的高附加值成果。从方案的本质上讲，其包含的元素有很多，这对以后的工作具有很好的指导意义。流程管理机制的完善可以促进审计方案的应用，有助于优化方案的复用，也会产生预期的效果。所有方案，不管是在怎样的环境中产生的，都要经得住实践的检验，只有在实践中检验没有问题的方案，才能获得认同。在实践中再次应用优化过的方案，是对成果的又一次检验和改进。实践是为了进一步提高，也是对技术的升级。

绩效审计质量进行控制与风险管理优化，都是为了促进方案的质量提升，使其更具应用价值。所以，不仅要强化对优化方案形成过程的质量管理，还要更加注意管理审计应用的效果。也就是说要侧重于优化后的成果在实践中的测验，并在对其测验和完善过后形成文件。

（二）管理优化保障与运用的建议和对策

1.建立优化方案的统计和考核机制

高校绩效审计质量控制与风险管理的优化价值在于审计主体审计技术得以提升，同时高校绩效审计工作能够更好、更经济地开展，根据实际情况对审计资源进行更加合理地利用。在进行考核和统计时，以往的优化方案和评估机制显然已不太适用，并不能将项目人员的积极性很好地激发出来，也不能对优化方案的价值进行全面的说明。

在优化统计和考核方案时，可以进行大胆创新，勇于尝试，从而提炼出更好更实用的方法。优化方案是否可行通常根据优化结果的收益考虑，具体从三个方面来看：第一，成本节约；第二，审计目标达成情况和绩效审计的效率；第三，优化方案的实施情况。事实上，最佳的方法是计算整个工作中投入和产出的比。

2.提升优化方案在高校审计部门的利用价值

以往财务收支审计的主要目标是合法性、真实性，但绩效审计的核心目标有所不同，它更注重审计的有效性，这是由绩效审计在经济、效果、效率这三个方面的评价标准所决定的。简单地检测错误和纠正问题无法达到绩效审计的目的，而且绩效审计是一种结果导向的机制，在审计过程中就算发现了问题，也无法对其改正。所以，优化方案要以绩效审计本身的特点为依据，在绩效审计过程中重视优化方案的作用，提升它的使用价值，从而使其在高校审计部门拥有一定的地位。

要想使优化方案的使用价值得到提高，关键要确认一点即它是否能为以后类似的工作项目提供借鉴。除此之外，还要针对优化方案后评制定一套完善的机制，对优化方案的经验进行总结，从而指明未来绩效审计质量控制和风险管理工作的发展方向。并且，还要进一步加强其公示制度，以事实和证据为依据，准确把握优化方案对外公布的时间。要规范优化方案的应用范围和内容，并将方案中的突出问题加以解决。

3. 做好人才培养工作，充实高校绩效审计质量控制与风险管理队伍

对人才队伍进行建设，会对绩效审计的质量产生影响。对于人力建设的投资与绩效审计的质量之间是成正比的关系。所以，要将人才培养当作重中之重。当然，也不能盲目投入，而忽略了配备资源的科学性、合理性原则。

不管是控制高校绩效审计质量，还是进行风险管理，审计人员始终是其中最重要的影响因素，审计人员的素质和能力对其质量和效率的影响非常大。所以，我们要将培养人才当作工作的重要内容，以人为本，针对审计人员加强成本的投入。具体方法有以下几点：成立学习型团队，加快审计队伍建设；从现有人才库中广选人才；建立人才选拔体系，制定人才评价标准、奖惩机制、技能矩阵 ① 等。

4. 优化方案文件化保管并建立专家咨询渠道和系统

在对风险管理的方案进行优化设计时，很多审计人员都付出了很多努力。审计人员会对整个优化过程进行记录，这些记录详细地描述了整个优化工作。优化完成后，整理优化记录的工作十分重要。我们一定要

---

① 技能矩阵即 Skill Matrix 通常以表格形式体现。技能矩阵实际是一种团队建设工具，它以确保业务需求得到满足为前提，明确团队成员完成团队工作所需的知识技能和能力要求，通过盘点团队成员的实际水平与需求之间的差距，提出未来团队的培养发展建议，以及为未来人员配置提供依据，最终实现团队组合最优化。

意识到，保管文件化的优化方案并不是重复的无意义的工作，而是为了使优化工作顺利地完成。这些文档会为以后类似项目的开展提供宝贵经验，十分具有借鉴意义，并且还能够节约成本。除此之外，在对优化方案进行文件化管理时，也能对优化方案进行再分析，这有助于对优化方案的再完善。优化的整个过程技术性非常强，在整个优化过程中，审计人员需要开展分析工作，并进行专业判断，这需要掌握大量的相关领域的知识，还要有相关的专业工具，工作量使十分巨大。但是，目前高校审计部门存在着严重的人员配置问题，致使优化工作受到阻碍。对此，审计部门要重点关注高校的内外资源，对其加以利用，并建立一套适用的系统，扩展专家咨询途径。特别是针对高校这样的特殊审计环境，要让更多的教育专家参与其中。

5. 加强监管和程序的制度化，确保优化方案的顺利运用

管控高校的绩效审计质量，开展风险管理优化工作，主要目的就是使绩效审计的有效性得到充分发挥。所以，在制定优化方案时，需要进行实际测试来确定绩效审计的质量是否因此而提高，审计风险是否因此而减小。要想使优化方案能够被顺利应用，还要采取一些措施。迄今为止，加强监管力度和将程序制度化是最有效的措施。

第一，监督能够促进方案顺利执行，使执行期间存在的偏差得到改正，还能对工作的好与坏进行评价。第二，将程序制度化就是在整个绩效审计项目中，把应用优化方案工作纳入其中。要想评价一份工作完成的质量好坏，必须以制度为重要标准，还可以将权责加以细分。这样当有问题出现时，就能够按照制度规定进行追责。

6. 建立高校绩效审计质量控制与风险管理优化的问责机制

要建立完善的责任追究机制，明确责任主体，审计部门的工作人员并不一定就是责任的唯一主体，高校的一些行政部门也应包含在内。这是因为审计部门并不是在优化工作中唯一的受益方，大学的各个部门也得到了优化成果带来的好处。当前重点要提高优化方案价值，加大问责力度并扩大问责范围，从而形成一种无形的力量，对相关责任人进行震慑。列为，还可以对优化方案不利导致的偏差进行纠正，对整个优化工作进行监管。

# 第三节　高校绩效审计评价指标体系的构建

## 一、高校绩效审计评价指标体系构建的原则

### （一）定量指标与定性指标相结合原则

绩效审计的一些评价指标是能够量化的，而另一些就很难量化。总资产、学生人数、教学获奖数等指标是可以量化的，而诸如科研、教学等方面所取得的非物质生产成果是难以量化的，但它们也应该被列为高校绩效考核的重要内容。所以，在进行高校绩效审计评价时，应遵循定量与定性指标相结合的原则。

### （二）全面性与代表性相结合原则

高校绩效审计开展的关键就在于绩效指标的合理选择。对高校的绩效进行评价，需要保证评价指标的全面性，从而确保评价是全面且完整的评价。在选择评价指标时，要尽可能从所有环节中进行选择，避免评价时出现遗漏，从而使所获得的评价绩效更加真实、全面。除此之外，要根据绩效审计的内容以及目标选择指标体系，使建立的指标具有代表性。

### （三）科学性与可操作性相结合原则

在高校绩效审计中，绩效指标的建立要在经过了充分的调查之后再进行。所建立的指标要具备实用性，所选取的数据也应是容易获取且可靠的，要考虑获取数据的成本，同时还要考虑开展审计的条件。所以，评价指标必须条理清晰、容易操作，保证审计结论的真实性，并且在实践中容易操作，从而有效提升高校的绩效。

### （四）成本与效益相结合的原则

高校绩效审计会对审计的资源，包括人力资源加以占用，并且还会产生一些费用，如咨询费、差旅费、调研费等。因此，在建立指标体系时要本着效益原则，强化对成本的控制。指标太细化，审计成本就会增多，指标太简单，就会达不到预期目标，这就使得高校绩效审计的难度加大。所以，审计人员要对高校的情况有充分的了解，然后根据自身的审计资源，综合考虑成本和效益，构建审计所需要的评价指标。

### （五）权责对等和可接受相结合的原则

高校在设计指标体系时，要对其享有的权利和要承担的责任进行衡量，要符合权责对等①原则。基于此所获得的评价指标体系更容易获得大众的认可，相关人员也更容易接受评价的结果。在进行高校绩效审计时，在被审计人员的职责范围内进行，更有利于审计目标的实现。可接受性的意思就是相关人员或者部门对于审计后的记过可接受的程度。可接受性越强，审计效果就会越好。权责对等，容易被大众认可，能够促进绩效审计终极目标的达成。

随着高等教育的发展，高校绩效评价指标的构建就要具备前瞻性，结合高等教育发展规律，将可持续发展理念融入其中。基于上述原则的评价指标体系能够真正提高高等教育资源的利用效率，适应经济社会发展的趋势。高校绩效审计评价指标不仅要保证教育经费的投入的有效性，还要发现管理上的问题，充分利用高等教育资源，使高校绩效审计对大学的发展发挥促进作用。

## 二、高校绩效审计评价指标体系的主要内容

### （一）经济性指标

经济指标侧重于资源投入和使用过程中成本节约的水平和程度以及资源使用的合理性。高校绩效审计经济评价指标用于衡量高校在运行过程中获得、管理和使用的资源是否经济合理，目的在于为高校管理人员提高绩效提供帮助，改善管理，增加价值，节约资源。高校绩效审计所采用的经济指标主要从资金来源与结构、支出结构与结余情况三个维度评价高校的经济绩效。具体来说，高校绩效审计的经济评价指标主要是对高校有没有坚持经济原则获得和使用教育经费进行考查。同时检查有没有合理分配人力资源；对固定资产的取得、使用和管理是否合法；财务信息是否真实；财务管理控制机制是否完善。

高校绩效审计所使用的经济性指标可以划分为三大类：

（1）资金来源结构。 这种指标包括：年度资金总额、不同资金来源

---

① 组织中的每个部门和部门中的每个人员都有责任按照工作目标的要求保质保量地完成工作任务，同时，组织也必须委之以自主完成任务所必需的权力。职权与职责要对等。

的比例、财政拨款金额和到位比例、自有资金比例、贷款比例等。目前，高校的融资渠道不仅限于财政拨款，还包括银行贷款、技术服务收入、社会捐赠等。高校自有资金占事业性支出的比重可以反映高校的自主办学能力，可以用来衡量高校的社会筹资能力。

（2）资金结余情况。该指标用来计算在高校财政预算收入中，年末财政盈余所占的比重。资金盈余可以直接对预算的合理性进行反映，一般下一年的财政拨款数额也会以此为依据。

（3）经费支出结构。高校在经费上的支出主要包括两大部分：基本建设支出和事业性支出。基础建设支出可分为两个项目，即自筹资金基础设施建设支出和预算内基础设施支出。各项目进行合理分配能够确保高校绩效的经济性原则。事业性支出又分为两个部分，即个人部分和公共部分。

### （二）效率性指标

在进行高校绩效审计时，效率性指标被用来衡量审计过程中利用资源的效率，高校投入和产出的比例是主要的考查内容，具体可综合考查资源配置、管理和利用，并进行评价和监督。在达到同样教育效果的情况下，大学对教育资源的占用越少、消耗越少，其效率就会越高。

1. 人力资源效率指标

以下是在高校绩效审计中，有关人力资源效率指标所包括的主要内容：

教职工总人数和学生人数的比 = 年末各类学生折和数 / 年末教职工总人数

教师总人数和学生人数的比 = 年平均各类学生折和数 / 年平均教师总人数

教师占教职工总人数的比例 = 教师总人数 / 教职工总人数

除了以上指标，还有其他一些指标，如人均科研工作量、教师人均课时数等也可以对大学的人力资源在教学、社会服务、科学研究等方面的效率进行体现。

2. 财力资源效率指标

第一，生均费用。该指标利用投入产出计算模式，将学校教育的总支出以及各种单个项目的费用和大学生的标准数量相比。一般情况下，生均费用越低，学校教育总支出的利用率就会越高。为了保证审计的结果是准确的，就要经常把人才培养的质量纳入考查的范围之内。以下是主要指标的计算方法：

全年生均经费开支 = 全年经费实际支出数 / 全年全部学生平均人数

全年生均教职工经费 =（全年工资 + 补助工资 + 福利费）/ 全年全部学生平均数

全年生均教学行政费 =（全年公务费 + 业务费开支数）/ 全年全部学生平均数

全年生均分项费用消耗额 = 全年单项费用额 / 全年全部学生平均数

第二，业务费占教育事业费比重。业务费包括教学、科研活动所导致的各项费用，可细分为教学业务费、实验实习费、文体维持费、宣传费等。

第三，人员经费占教育事业费比重。人员经费既包括全体教职工的工资、补助、福利费，又包括学生助学金、奖学金以及社会保障费。

3. 物力资源效率指标

教育物力资源效率指标是对教育活动物化劳动的占有和消耗程度的体现。一般对固定资产的利用率越高，就说明高校在对物力资源进行利用时效率越高。这种指标中，主要涉及的是材料、固定资产等，而且它可以被细分为多种指标：设备利用效率指标、宿舍利用效率指标、综合指标。以下是常用的计算指标的公式：

物力资源利用率 = 年在校生总数 / 固定资金总额 × 折旧率 + 低值易耗品与材料消耗额 ×100%

一般设备利用率 = 实际利用天数（或时数）/ 校历计划天数（或时数）×100%

实验设备利用率 = 实际利用天数（或时数）/ 校历计划开动天数 ×100%

教室利用率 = 即教室每周实际利用时数 / 教室座位数或者学生总数 / 教室座位数

图书利用率 = 图书借阅册数 / 现存图书册数 ×100%

全校总校舍拥有率 = 实际校舍建筑面积 / 应有校舍建筑面积 ×100%

全校地基面积拥有率 = 全校实有地基面积 / 全校应有地基面积 × 100%

学校固定资产利用率 = 在用固定资产金额 / 全部固定资产原值 × 100%

### （三）效果性指标

在高校绩效审计过程中，效果性指标重点关注"结果的改善"，考查改善幅度。

一般情况下，在高校绩效审计中，所采用的审计指标是从各个层面选取的，如教学层面、科研层面等，然后再对高校的绩效进行考查。教学和科研层面的审计指标对于评价大学主要活动的绩效起着至关重要的作用，具体指标包括以下内容：

（1）教学质量。该类指标用于全面审查和测评高校教学活动的成果，主要指标包括：

毕业生人数 = 取得毕业证书的人数（研究生 + 本科生 + 专科生）

毕业生合格率 = 应届实际毕业生人数 / 应届毕业班学生总数 × 100%

学位获取率 = 实际获取学位人数 / 应届实际毕业人数 × 100%

毕业生升学率 = 实际录取研究生 / 应届毕业生总数 × 100%

（2）科研质量。该类指标用于全面审查和测评高校科研活动的成果，主要指标包括：

获奖科研成果 = 自然科学奖 + 国家技术进步奖 + 省市部级奖

一般科研成果 = 省市部级鉴定的成果项目数 + 学术著作 + 学术论文

论文（专著）发表率 = 发表论文（专著）篇册数 /（科研人员 × 科研经费）× 100%

科研成果使用率 = 实际推广应用的科研成果数 / 完成的全部科研成果数 × 100%

应用型科研项目（课题）成功率 = 应用型科研成果成功数 / 应用型计划项目（课题）数 × 100%

科研成果对外转让率 = 对外转让的科研成果数 / 全部科研成果数 × 100%

科研成果效益 = 各项科研项目经济收入总和 / 各项科研项目劳动消耗总和

除此之外，在考查大学科学研究的质量时，学术资源也是其考查的关键指标。比如，一些国家重点专业、硕士点，以及国家研究中心和实验室的种类和数量等。

（3）各项事业计划的完成率，主要是对国家的科研项目的完成情况和下达的招生计划的完成情况的考核。科研项目完成率，根据科研项目实际完成数和计划完成数的比来计算；招生计划完成率，根据实际招生的总人数和计划招生人数的比来计算。

（4）声誉评价指标，用于考查学校全体师生和社会对大学办学的满意度。社会声誉评价主要考查的是社会满意度、社会知名度、独立申请人数等。学生满意度就是学生对老师、学习氛围和环境、硬件设施的满意度。教职工满意度就是教职工对自身的薪酬和福利、工作环境和学校基础设施的满意度。

# 第四章　高校基建和修缮工程项目审计

# 第一节　高校基建和修缮工程项目审计概述

近些年来，随着国家大力推行科教兴国战略，我国在教育方面得到了长足发展，逐年扩大教育规模。为了使老师和学生能有更好的工作和学习环境，一方面，国家针对基础设施老化的情况进行了大力整改，另一方面，国家不断扩大基础建设的规模。随之而来的就是更多针对高校基础设施修缮的审计工作。在高校审计中，对于基建修缮工作的审计占有重要地位，对基础建设修缮工作做好审计，可以有效减少资金浪费，并且能够有效提高维修资金的使用率。

## 一、高校基建修缮工程的含义

高校基础建设修缮工程项目审计的含义是在开展项目投资活动到项目竣工之前，相关的审计部门对与工程项目有关的资金使用情况进行的合理合法的监督与考查。其中基础建设修缮工程项目，是指在全校各校区实施的基建、修缮项目，其资金来源包括上级拨入、学校自筹、接受捐赠、引进资金等。

具体审计工作由审计处负责组织实施，同时工程的相关部门要积极配合工作。

## 二、高校基建修缮工程的特点

高校基建修缮工程项目多数为修缮改造，涉及的工种多、施工地点多分布零散、工期短，多的一、二个月，少则一半天，单个工程金额不大；工程施工随意性较强，大多数没有正规的专业设计；工程多采用定额计价，不使用清单计价方式；较大的改造项目，工程时间相对集中，常利用寒、暑假突击施工；工程管理面宽。

高校基建工程管理目标涉及工程项目的全过程。对其规划、质量、投资、进度等进行全方位跟踪式管理，不能由监理单位完全替代。

### 三、高校基建修缮工程审计工作的完善途径

#### （一）建立完善的基建修缮工程审计机制

在工程审计内部控制机制的作用下，高校需要根据相关的法律政策制定审计方式，使基建修缮工程审计按章办事，同时明确规定审计的目的、程序、范围、审计资料提交时间、奖惩制度等，使审计各工作环节联系起来，提高审计的工作效率。

#### （二）加强高校工程审计人员的配备，提高现有审计人员的专业素质

如今，虽然高校的审计人员一直从事审计工作，但是他们的知识结构却比较简单。由于基建修缮审计工作专业性非常强，审计人员的知识结构也要更加全面。所以，要想促进审计工作不断发展，就要为审计团队引入更多的专业人才，促进其知识结构的合理性。并且，可以定期组织一些业务培训，提高审计人员的工作能力。具体来说，审计部可会定期组织审计人员在一起学习相关的法律法规。除此之外，还要加强行业内的交流讨论，以适应不断变化的基础设施建设审计工作。审计人员也应积极学习新法规，对于行业内的动态有所了解，不断提高自身的专业水平和综合素质。

#### （三）落实好事前、事中、事后全过程跟踪审计

（1）预审应当参与项目从立项到招投标的全过程，审查项目的论证结论和经济分析法，对投资预算有没有超标进行核查。要积极参与选择和优化设计方案的工作，杜绝"三边"工程。

（2）审查标底①，并对整个招投标的过程进行监督，在验收工程时，进行分步验收，要特别关注工程量是否真实，以及材料的用量是否准确等。为了杜绝隐藏工程，要在施工过程中对高校高层写字楼、学生公寓等项目设备和材料进行事中审计，跟踪调研，时刻关注施工的进度，做

---

① 标底一般先由设计单位、工程咨询服务部门或专门从事建筑预算定额部门，编制出设计概算或施工预算，然后经建设单位和主管机关、建设银行等共同审查后确定。标底是选择中标企业的一个重要指标，在开标前要严加保密，防止泄漏，以免影响招标的正常进行。确定合理、切合实际的标底，是选择最有利的投标企业的关键，是实施建设项目的重要步骤。确定标底时，不能认为把标价压得越低越好，要定得合理，要让中标者有利可图，才能调动其积极性，努力完成建设任务。

到完成一项就审计一项。并且，要对对施工现场加强监管力度，将在施工现场发现的问题及时指出来，尽可能为结算审计提供充分、可靠的信息。

（3）在项目竣工并且验收完毕后，对于事后审计也要认真落实，对项目决算进行认真审查，以项目审计的结果作为依据，确保得到的审计结论具有客观性、公正性。

### （四）运用先进的科学技术手段，提高审计工作效率

现在，对高校建设和维修项目的审计，通常采用的还是传统的审计方式，但可在审计工作中利用计算机进行辅助，从而弥补审计人员在工作中的弱点，这样也可以使审计人员的工作效率得到有效提升。审计软件也可以对审计项目的财务进行核算，可以考虑设计绩效评价指标，使绩效评价管理实现信息化。绩效审计评价指标可以评价项目社会效益和经济效益定性、定量两个方面，因此对工程审计起到了建设性作用。

如今教育体制改革在不断深入，科教兴国战略①也在不断实施，高校基础设施建设和修复工作也越来越多，而对此类工程进行的审计是一个系统的、有机的、动态的监控过程。要对其审计工作的内部制度加以完善，对审计的程序加以规范，全面收集资料，在工程开展过程中及早进行审计工作，对以往存在缺陷的旧模式进行改进，对适用于高校基建修缮工程的新模式进行创新，对审计人员加强素质培训，提高其整体素质，确保基建修缮项目审计工作顺利进行，使项目的投资效益得到提升。

---

① "科教兴国"是指全面落实科学技术是第一生产力的思想，坚持教育为本；把科技和教育摆在经济、社会发展的重要位置，增强国家的科技实力及向现实生产力转化的能力，提高全民族的科技文化素质，把经济建设转移到依靠科技进步和提高劳动者素质的轨道上来，加速实现国家的繁荣强盛。

## 第二节 高校基建和修缮工程项目审计的工作程序与方法

### 一、高校基建和修缮工程项目事前审计

高校基建和修缮工程项目的事前审计直接关系到造价的控制和确定，主要体现在立项论证、预算确定、招投标管理、合同管理等方面。

事前审计主要表现在以下几个方面。

#### （一）工程内容的核定

开始要先审查基建和修缮工程项目立项的合规合法性，再根据项目性质审查工作的有关负责人对于使用部门的意见，有没有积极听取，并去现场勘察，对于审查工程的设计是否经济且合理。接着要对项目资金的来历和使用进行核查，了解其是否可以满足项目所需的资金，避免因工程项目的遗漏或不适用造成后期大量的变更，从而引起工程造价的失控。例如，某礼堂翻新工程，观众席地面用橡胶板，基层设计两层，其中一层为砼地坪，砼地坪中包含了人工土方挖填、抹平及养护等工作内容，有些不适用和浪费。而且，楼梯子目未进行翻新处理，但从整体效果来考虑，楼梯子目必然会根据观众席的翻新特点进行处理，这种漏项将导致工程造价的超标。因此，工程项目在设计阶段应尽量全面覆盖建设项目工程涉及的所有工程内容，并统筹安排、利用内外资金，达到投资项目的最佳效果。

#### （二）工程预算审计

对基建和修缮工程项目进行的预算审计，是控制造价的有效手段之一，通过管理部门的初审，根据现行造价管理相关政策进行审计可把工程造价控制在合理的范围内。难点在于大多数基建修缮改造工程大小不一、类别各不相同，施工图纸也不够精确，因此很难对细节尺寸进行准确把控。有些项目无法提供正规的施工草图，无法计算准确的工程量，因此容易在这些项目上抓大放小，结算时统一处理。鉴于以上所述，应重点审查设计及说明方面的完整性及合理性，尽量使审核的预算具有可

操作性。例如，某食堂工程走廊的玻璃栏板不锈钢扶手，设计图仅标明高度，没有大样图①，没有明确不锈钢管的直径及玻璃的种类、厚度。这个问题致使清单无法正常描述，给准确编制招标控制价带来了困难，因此在预算审计过程中应由设计补充大样图，标明规格、种类和厚度等指标。施工图设计深度不够会影响施工进度、质量，并容易引起设计变更，增加工程造价，同时施工图设计说明应完整清楚，图纸表达清晰，内容齐全，便于施工。

### （三）招标文件及过程审计

招标文件的严密性、合规性、准确性直接影响工程造价的控制，因此应对招标文件中的投标报价要求，评价标准和方法，进度付款办法，计价取费依据，结算办法，合同主要条款，竣工验收后保修工作的措施及施工单位资质、信誉、业绩等进行审查，避免招标文件与其他资料相互矛盾，从而造成整个审计体系的混乱。招对于标过程应进行全程跟踪审计，使各个环节符合招投标相关制度和政策，以促进招投标程序与结果的合法有效。例如，某综合大楼在主体工程竣工验收后，招标人拟将外墙装饰工程中的石材干挂部分直接分包给某装饰公司进行施工，总包单位对此提出了异议，而仔细查看了招投标文件、总承包合同后，发现石材干挂装饰工程确实是总承包范围内的工作内容，直接分包给第三方施工将违反相关规定，因此在这种情况下，招标人应与总承包商一起，共同招标签订外墙干挂装饰工程分包合同。

### （四）合同管理审计

实际当中，除了要对合同进行合法性审查以外，还要从以下两个方面进行重点审查。

第一，审查约定工程项目单价的条款。如果预算已经审计部门审计，应审查项目单价是否取经审定的单价，防止结算时重复审核。

第二，审查工程量增减及工程变更的约定条款。审查合同是固定单价、固定总价，还是总价可变合同，有否约定工程变更的控制措施及预算外项目的结算方式等。针对合同签订不严谨，执行不够得力等情况，审计部门均需在合同起草阶段介入，避免合同的及时性、合理性、约束

---

① 大样图是指针对某一特定区域进行特殊性放大标注，较详细地表示出来。

性等发挥不了应有的作用，从而影响事中及事后的审计工作。对于招投标工程，依据《建设工程工程量清单计价规范》（GB50500-2013）中相关规定签订施工合同时，实行招标的工程，合同约定不可以违背招、投标文件里有关工期、造价、质量等方面的实质性内容。招标文件与标人投标文件不一致的地方，要以投标文件为准。因此在签订补充协议时，不得对工程结算方式进行大的修改。

## 二、高校基建和修缮工程项目事中审计

为避免工程变更随意性增大，人为地造成浪费，高校的内部审查部门要严格执行内部控制制度，并从合同的履行、隐蔽工程、工程的变更、物资的采购、资金使用情况、理赔等关键环节入手，对隐蔽工程、材料检验、变更项目及现场签证等方面的情况进行重点审查。

### （一）隐蔽工程审计

审计人员要勘察施工现场，对关键的工序和关键位置的施工情况进行查勘，对项目的进度情况要有所了解，并对于相关技术问题要有所掌握。同时需要注意的是，隐蔽工程进行隐蔽前，应核查施工方的自查结果，并且有针对性地对监理签证进行抽查，然后做好记录。像回填土和土方开挖等这类分部项目，要进行实际测量、测试，对不同的土质、地下水、坡度、深度、支撑等情况进行严格的区分，详细填写清单，做到不重复、不遗漏，便于竣工验收时分阶段进行验收。

### （二）材料、设备采购审计

对于材料、设备采购主要从采购计划、采购合同执行情况、采购过程及制度、采购费用核算等方面来进行审计。其中，对采购方面有否按照合同执行的审计更为关键，具有主要对采购合同和财务规划、施工、结算、造价等环节的衔接管理进行审计，如检查是否有因为各环节的脱节而延误工期的问题；检查是否有质监部门出具的检验报告，对项目中所用到的成品、半成品、原材料、设备等进行抽查检测；了解材料、设备的供货商有否按照合同执行，评估制造商或供应商的信誉度；督促建设单位停止购买和使用质量不达标的材料以及设备，并针对使用这类不合格设备的情况查明原因。

### （三）工程变更、签证及价款调整审计

工程变更直接关系到工程造价的控制，实际应检查主要的审计工程变更文件有没有得到建设单位代表、设计单位代表、监理单位代表以及现场跟踪审计人员的签字，签字是否真实有效，是否具有齐全的施工手续；工程变更是否有必要，且是否具备合理性、效益性；签证的程序是否正确，内容是否真实；由于审查变更而调整的价款、措施费和合同价款是否符合合同的规定。例如，某新建学生宿舍，在基础结构竣工以后，施工方自检没有问题的情况下，可向建设单位、设计单位、监理单位、质量监督单位等相关单位提出申请，来对项目进行验收，在验收时相关单位发现，实际的底面标高和原图纸相比存在差异，高出了 0.5 m，施工方要求对此项内容签证，因此会增加相关的工程量，基础结算款也增加了 16.5 万元。审查人员对工程量清单进行了仔细核查，并且仔细研究了施工图纸、技术要求以及隐蔽工程验收的条款，发现造成这种结果的原因并不是设计的变更，而是施工方相关技术人员失误或者工作态度有问题，而导致地基超挖，没有控制好基底标高。根据《建筑工程工程量清单计价规范》（GB50500-2013）的有关规定，对于这种情况，产生的费用应该由施工方自行承担。对于施工单位要求增加费用的请求不予签证。针对这种情况的出现，建设单位应及时组织设计单位、监理单位及有关部门到施工现场察看地基土质情况，确定基底标高。根据合同约定，如果工程量增加没有得到建设方、监理方的签认，增加的造价将不予认可。在签证增加的工程量时，一定要分析产生此情况的原因，分清合同双方的责任，给追加投资提供有力的依据。

### （四）索赔审计

在施工过程中，很多因素都会导致工程承包出现索赔问题，如天气的变化、物价的变化、施工图纸的变更等。审计主要从以下几个方面进行：分析理赔原因，确定理赔是否有正当理由，及针对索赔事件提供的证据是否有效；审查对索赔程序的合规情况；审查发包人是否根据事件原因、责任范围和合同条款对承包人的索赔申请进行了审核；审计人员在审计过程中要根据索赔资料对造价计算的准确性进行审查，同时对造价内容和工程是否合理进行审查。围绕工程合同进行索赔，要审核工程

内容是否符合合同规定要求、质量有没有达到约定标准、在规定的期限内完成工程的工期以及结算方式、计价定额、收费标准和临时金额的确定是否符合合同规定。索赔和反索赔是甲、乙双方的合同权利，提出索赔和反索赔均是双方履行合同的行为。承包方在处理索赔问题时既不能漫天要价也不要因担心双方合作关系而留待工程完工后"一揽子"①进行处理。索赔工作具有很强的程序性和时效性，事件发生后应在规定的时限内按规定的程序及时办理工程索赔，否则索赔要求有可能得不到支持。

## 三、高校基建和修缮工程项目事后审计

高校基建和修缮工程的事后审计分为两种，一种为已审预算的审计，在结算审计时只审查预算外的工作量，另一种为对未审预算的项目进行结算审计，如抢险应急等工程，及其他不具备预算审计条件的项目，审计方法同预算审计。无论何种形式的审计都离不开以下内容。

### （一）核实工作量

工作量是影响造价的直接因素，通常在合同中已经约定主要工作内容的单位造价，而增加数量则为施工队获取利益的途径。对于因工程设计变更的内容和签证的工作量，未及时通知施工方，已经给施工方造成一定经济损害的，应按照合同规定办理。工程设计变更内容和计算工程签证数量时，要严格按照《工程量清单计价规范》执行，认真核对，做到计算准确无误。工程结算增减项目是事后审计的重点内容，如某新建办公大楼，在装饰阶段时，施工方接到建设方两个设计变更通知：第一，将原设计所有轻钢龙骨及铝塑板面层吊顶项目取消，改成仿瓷涂料项目；第二，资质地面砖规格有变。接到设计变更通知后，施工单位已经按照施工方案提前备料，并做了施工准备。为此，施工方根据变更内容进行了签证，增加费用总计约为 8.5 万元。结算时认真分析两个变更通知，取消原设计轻钢龙骨及铝塑板面层吊顶，改成粉刷仿瓷涂料，这是建设方

---

① 在国际谈判中，面对一系列利害关系错综复杂的问题，参加外交谈判的各方有时会采用一揽子同时达成协议的做法，为此，各方为达成最后协议往往会提出自己的方案，通常称为"一揽子方案"。这意味着谈判各方要么同时解决所有问题，要么一个问题也不会解决，不允许各方选择性地接受其中的部分方案而拒绝接受其他方案。

从经济节省角度考虑而进行的变更；资质地面砖规格改变是建设方从美观、安全角度考虑而进行的变更。因此，应对这两个变更引起的工作量变动及采购原方案材料造成的损失进行结算总价调整。根据这种情况，对工程设计变更的内容和签订的工程量，要有超前意识，要及时告知施工单位，尽量减少和避免因工程设计变更而产生一些浪费和损失。

### （二）合理确定材料价格

材料单价是工程造价的一个重要组成部分，占整个工程总价的70%左右，合理确定材料价格，是对工程造价进行合理控制的基础。通常在结算审计阶段，材料单价均按预算材料单价进行审核，在施工过程中如果出现新增材料，则先按照施工期信息价进行材料单价的确认，如果没有信息价，审计人员就要与相关部门进行市场询价和考察，确定一个合理的价格作为审计的依据。在施工过程中，当有设计变更或其他变更发生时，承包商应及时组织相关人员对变更的工程量进行确认；当材料变更导致其综合单价不适用或发生变化时，承包商要及时将新的单价报送建设方进行确认，调整其合同价款；当材料变更导致工程量变化较大时，还应考虑其对工期的影响。

### （三）准确套取定额子目

重复套定额、高套定额是施工单位提高工程造价的常用手段，为避免这种情况的发生，审计人员需要对签证单反复进行核查，掌握工程的实况、施工工艺以及质量标准，通过合理应用定额，来控制工程造价。例如，某办公大楼会议室装修项目，吊顶铝合金龙骨，600 mm × 600 mm 多孔吸音石膏板平面吊顶，在进行结算审计时发现天棚龙骨套用轻钢龙骨子目，天棚面层套用钙塑板子目，与现场实际施工情况不符，高套定额子目价格。所以，在结算审核过程中，不仅反复认真地要对工程量进行审核，还要对每个清单项所描述的特征仔细进行核对，看它与施工图纸是否一致，同时要经常深入施工现场，了解施工工艺，以能够对每个定额子目进行准确理解、准确计价。套用定额时，应对每一分部的工程说明和每一章节前的定额说明进行认真阅读，若对定额换算的理解有出入、忽略定额综合解释或者没有换算系数等都会使结算结果产生误差，影响结算的准确性和合理性。

### （四）费率的确定

费率的高低会影响工程造价的大小，在有几类费用选择的情况下，施工单位往往选择较高费率以获取额外的工程造价。这种情况下审计人员需按各项规定判别工程类型，再按工程实际情况确定合理的取费类别。例如，某装饰工程，在计取措施费中的安全文明施工费和套用脚手架定额的时候均按建筑工程来取费，使措施项目的造价多了 10%。竣工结算时审计人员除了要掌握工程量计算规则和定额子目的套用外，还应熟悉工程建设有关的法规政策，及时了解有关取费标准、材料与人工工资单价的调整文件，才能在结算过程中进行准确的计价和取费计算。同时，审计人员要认真阅读有关合同文件，包括招标文件、投标文件、施工承包合同书、有关的签证、变更和会议纪要、竣工图等，严格按照相关文件规定的人工工资单价、取费标准及合同规定的优惠比例等进行计算，以确保结算审计质量。总之，在新形势和新要求下，高校审计部门和审计人员要具备战略性思维，对于促进学校发展的高度谋划工程，要努力做好审计工作，要有大局观，积极主动地完成好审计工作，发挥自身"免疫系统"的作用。要善于从现象中辨别本质，从微观中看宏观，从势头中看到趋势，并根据实际情况进行分析判断。要虚心学习，善于博采众长，设身处地为他人着想，吸取各方有益的工作经验，采纳各方带来的合理意见，力争事半功倍。要转变旧思想，与时代共同进步，学习先进的审计手段和方法，在继承中发展、在巩固中提高，保护好国家和人民的利益。

## 第三节　高校基建和修缮工程项目内部审计对策

### 一、明确内部审计目的，明晰委托与受托管理责任

很多审计人员都觉得审计工作非常难，要想做好审计工作更加困难。为何高校基建项目的内部审计这么难？原因并不在于工作本身。一位资历深厚的审计师一语道破：觉得审计工作难的主要原因是让人心累。要

问审计人员为什么要审？为了谁而审？这本身是应该审计人员非常清楚的问题，而现实中往往模棱两可。

1.明确内部审计的目的

开展内部审计是为了增加组织的价值，以及加快组织的运行效率。大学的内部审计也是如此，高校基础设施建设和修缮工程内部审计是其内部审计一个重要的组成部分，它通过规范化、系统化的方式，来帮助学校提升价值。

《内部审计实务指南》明确提出：建设项目内部审计的目的是促进建设项目实现三个目标，即高质量、高速度、高效率。质量目标的意思是工程实体、工作的质量要符合规定；速度目标的意思是项目的进度、工作效率要符合要求；效益目标的意思是项目效益、项目的成本要达到要求。这明确了高校基础设施建设项目内部审计实现目标的三个着力点。

高校要以科学发展观为依据，以全面、健康、可持续为发展目标，使审计人员的积极性得到充分发挥，利用其专业技术优势，对审计资源进行充分、有效的配置，从而实现为学校增加价值的目的。

2.明晰委托与受托管理责任

高校基础建设和修缮项目内部审计是高层次的经济监督活动，其综合性极强。监督权属于委托人。在进行基础建设和修缮项目管理时，学校授权审计部门对其基本的管理工作进行监督。审计部门与学校具有委托经济责任关系，而这种责任是内部审计工作的出发点和归宿。

审计部门的授权形式必须是公开且正式的。具体来说，首先，要以文件的形式明确审计部门在基础设施建设和修缮项目内部审计中的具体监督权责和利益，使审计部门能够更好地行使权利，具备积极性与责任心，并且要定期对部门的工作进行评估。其次，要以制度形式明确审计部门负责人的经济责任制，定期开展审计工作。最后，以岗位责任制的形式，细化和规范审计人员的工作职责，实行年度考核。

明确委托和受托责任，审计部门就可以名正言顺地开展工作；有利于主管部门的理解与合作；有利于学校的考评和审计。

## 二、确保内部审计的独立性与客观性

理清了"为谁审计"和"审计目的"两个问题后，我们需要思考另一个问题，即"谁来审"，也就是内部审计机构的设置、领导和审计人员的配备。

1. 机构的独立设置及权威性

审计的内核是独立性，内部审计必须是相对独立的。对于高校内部审计来说，其独立性要在独立的机构设置上体现出来。通过网络调查可知，如果高校的内部审计缺乏独立性的机构设置加以辅助，审计的作用就会大大减弱，得不到充分的发挥。内部审计的 相关政策规定了高校必须设立内部审计机构，如果是教职工达到 3 000 人以上或者年收入 5 亿元以上这类规模较大的学校，其内部审计机构必须独立设置。

基础建设和修缮项目内部审计在高校中具有专业性及特殊性。高校的基础设施建设和修缮工程较大，还要在其审计部门设立专门的内部审计岗，以授权人层次的高低来确定其权威性的大小。当前，高校内部审计可能会将校长、副校长或书记当作上级领导。上级领导管理范围的综合性以及全面性可以使审计监督同时具备综合性、全面性，而在没有审计委员会的情况下，审计部门的负责人最能保证审计的权威性。

2. 人员的全面配备及综合性

通常审计人员负责内部审计工作。目前，很多高校没有足够的内部审计人员，这就严重影响了内部审计工作的正常进行。内部审计的相关政策规定了高校要具备足够的内部审计人员，其数量不得少于教职工数量的 2‰。内部审计团队的成员必须具备法律、经济、建筑、通信等各个方面的专业能力，同时也要具备相应的职业资格。

人员编制问题是对高校内部审计工作者数量影响最大的一个因素。对此问题，高校应以先进思想进行考量。事实证明，大多高校的审计师都具有较强的经济管理能力，能够丰富金融、国资、基建、工业等管理部门。有一所国内大学的用人制度非常好，值得所有高校借鉴。这所大学的审计人员必须在其部门经过一年以上的锻炼，才有机会被提拔成为副科级干部。这一制度使审计作为基层经济管理干部培训学校的作用得到了充分发挥。

如今经济活动日趋复杂，高校的内部审计在范围上也在逐渐扩大。基本建设和修缮项目内部审计要求审计人员必须是综合性的人才，要同时具备管理、经济、计算机、工程管理等各个方面的知识。

当前，在国内的几所名牌大学中就有具备多种专业知识的审计人才，不过大部分大学的审计人员的知识结构依然比较简单，因此必须不断对其进行在岗培训。另外，在引进新的审计人员时还要考虑到对专业配置的优化。

## 三、实施制度导向的基建和修缮工程内部审计管理

在我们对为什么要审、为了谁而审和谁来审这三个问题有了明确的答案后，然后就要对"审什么"和"怎样审"有清晰的认识，也就是说高校在开展基建和修缮项目内部审计时要以什么作为导向，采用什么方法和技术来达到审计效果。

目前，高校基建和修缮项目内部审计包含很多内容，但基础审计单一且落后，早已无法满足工程控制的需求，然而在内控制度并不完善的情况下开展风险导向工程审计，其时机并不成熟。由此可知，制度导向的基建和修缮项目内审控制着高校的现实选择。

1.实施基建和修缮工程全过程跟踪审计制度

2003年7月起，《建设工程工程量清单计价规范》正式在全国实施，此计价方式以综合单价包干为核心，分部分项工程量以实际签证为准，它充分体现了工程管理的动态性、系统性以及可变性，所以基建工程全过程跟踪审计就成了高校基建和修缮工程审计方式的现实选择。

在单价被确定之后，对数量的确定就显得特别重要了。根据基础建设项目的实际情况，一般会在三个阶段确定数量。编制工程量清单时，根据施工图确定每个部分、每个项目的工程量；在实际的施工过程中，会根据施工情况以签证的形式来调整工作量；等工程完工以后，对照着施工图和项目的施工情况在审核结算时确认最终的工程量。对基础设施建设和修缮项目的全过程进行跟踪审计，就是采用审计的技术，对项目从立项到交付的整个过程进行审计控制。在此过程中，要及时掌握项目的进度和质量，在发现问题后，采取相应的措施对成本进行控制，从而

使资金使用的效率得到提高。这种审计模式将被动变为主动、将静态变为动态，能够从最开始就将工程的成本、质量和工期控制住，从而使审计的风险大大降低，这是高校基础建设和修缮项目内部审计的必经之路。

这样的模式促使高校基建和修缮工程内部审计与工程的立项决策、设计、招标、施工、竣工验收到交付使用等环节同步进行。这种审计模式并非从头到尾、事无巨细的面面俱到，而是选择关键跟踪点、控制点，对造价、质量、效益有实质性影响的重点环节实施控制，即控制项目论证和设计、基建资金、合同签审、招投标、内控制度、材料购买、合同履行、现场签证、工程变更、资金使用、隐蔽工程、索赔审计、竣工验收、工程决算、结余资金。

这种审计模式改变了传统的送达式审计方式，采取"参与式"审计方式。在下发审计通知书前，审计人员会与基建处人员一起就审计的工作方案进行研讨，讨论审计内容、审计方法、审计范围和审计执行人，从而使基建和修缮工程审计责任落实到个人。在审计过程中，基建处人员参与其中，共同分析工程管理中的问题，探讨其产生的原因，商定改进措施，防止类似的情况再出现。这种"参与式"的审计方式，不但使审计工作的质量与效率都得到了提升，同时也促使基建处更加理解并支持内部审计工作。

在进行工程项目审计结算时也要分阶段进行，即分阶段对项目基础、设备安装、消防设备、内外装修等进行审计，审计完毕后提出意见。通过阶段性的审计，可以及时发现上一阶段中存在的问题并提出意见，避免此类问题在下一阶段出现。对委托社会中介机构审计的大型基础设施项目，分阶段开展委托审计。审计部门派人去项目现场对项目进行跟踪，要求按照单项项目得出单项的审计报告，目的是方便对中介机构的审计结果进行审查或抽查。对建设项目的全过程进行跟踪审计，全过程监控，多环节管控，这是防止高校基建项目出现腐败情况的有效途径。

2. 实施基建和修缮工程审计质量控制制度

为了提升高等院校的工程审计的工作质量，相关的审计部门与人员可采取基础建设和修缮工程审计质量控制等一系列控制手段。

高等院校控制基础建设和修缮项目的质量的措施主要体现为审计人

员在开展审计的过程中对内部质量的把控，即对审计计划与审计方案的制定、采集审计证据、编写底稿、审计项目负责人监督核查、形成审计报告、整理审计档案、巩固审计质量成果等整个过程的控制。

（1）审计方案。当工程经过批准正式进入实施阶段后，相关的审计项目负责人就应该积极搜集一些资料，评价内部控制，以该工程管理特征为依据确定审计工作的重心、人员安排与工作时间的规划，制定符合实际、行之有效的审计方案。总的来说，就是要求审计人员做好审计过程中的准备工作。

（2）审计证据。审计过程中，审计人员应通过规范程序，有针对性地寻找与该工程有关的证据。主要包括：

①收集整理该工程相关的会议记录、被审计单位承诺书、合同、审计资料、文件、建设日记、答疑纪要、监理日记等材料。

②收取基建处、监理公司与施工公司共同认可签证并说明其对工期、工程造价、质量的影响的书面材料。

③记录观察工程的过程，写明观察的内容、结果与事项。

④收集工程材料盘点清单，该清单需要经过审计单位相关人员与被审计人员的签字认可。

⑤编制工程计算记录，明确备注相关的计算方法与数据的来源。

⑥工程审计如果需要相关的函证材料，应该通过相关的规范程序获取个人或者单位的回函，编制函证记录，并且标清函证的范围、事项与相关结果。

⑦在难以获取审计证据时，相关的审计人员可以实施追加、替代的审计方法与步骤，或审计人员进行职业判断，并单独反映在其审计报告与审计工作底稿中。

⑧制定工程造价的相对数和绝对数、纵向与横向分析表，对工程建设中的3E指标进行客观分析。

（3）审计工作底稿。审计人员在进行审计的过程中，必须时刻遵循审计程序的要求，积极完成工作底稿的编写。在编写过程中，不能脱离审计证据，要做到格式规范、结论正确、内容完整与记录明了清晰。

工作底稿的完整性与真实性是审计人员需要负责的内容。对于在审计过程中不真实反映问题或者知情不报，审计工作中透露出问题并造成重大损失，以及因没有进行必要的审计程序而造成重大影响等情况，相关审计人员需要承担主要责任。

（4）审计项目负责人。审计项目负责人要特别注意工程中重要的事项与过程；审计人员在采集、查核工程审计证据时要积极进行监督，及时指出和纠正审计底稿中出现的问题，保证制定出完整真实的审计报告。如果发现审计证据与要求不符，就可以对审计人员进行问责，并要求其重新进行证据的收集。

（5）审计报告。以可靠客观的审计证据为根据书写审计报告。在审计过程中对于没有涉及的事项与不符合审计职责范围、评价根据或审计证据不准确、不符合标准的工程事项，审计人员不可以发表审计建议。

审计部门审核完相关的工程审计报告后，应该由基建处发表意见，如存在不同意见审计组应该进行核实与研究，必要的情况下应该对审计报告进行修正。

（6）审计档案。实施基础建设项目审计组负责制度，审计组搜集审计项目相关资料，建立审计档案，并严格以档案的管理要求为依据选定立卷责任人。在项目完成后，需要立卷责任人进行移交手续的办理，审计组组长验收审计档案，检测其业务质量的水平。

立卷责任人需要保障卷内文件材料归档的规范性与材料的完整性；审计组组长负责审查的验收建议；审计组人员要负责对文件材料内容进行检查，保障其完整性与真实性；基础建设与修缮工程审计科科长负责按要求在一定时间范围内把资料归档。

（7）巩固审计质量成果。积极制定与完善高等院校基础建设与修缮项目的审计质量控制条例，以审计承诺制、审计复核负责制、审计过错人责任追究制度等为执行标准，严格按照制度办事，严格监督项目审计工作的整个过程，持续改善与加强项目审计质量的控制体制。在制定审计项目计划时注重突出重点；制定全面、科学的审计方案；在实施过程中要负责认真；制定真实客观、实事求是的审计报告；审计业务与审计复核两部分相互监督约束；认真分析考虑审计的建议与想法，建立审计结果公告制度，以求提高高等院校基础建设与修缮项目的审计质量。

高等院校的基础建设与修缮工程在使用委托审计的方式时，可以采取公开招标的方法去选择审计师事务所，在合同中写明双方的各项义务和权利，需要明确清晰地规定相关工程师的资质和其工作的质量标准，选择可以保障工程的客观造价与付费方式。比如，在审计报告存在质量问题时，可以实行复审制与责任追究制度。委托审计的事项必须由高等院校的内审部门负责进行，在送审之前，需要做好相关的初审准备，准备好送审资料，指定专人负责委托审计整个过程的相关监护工作。

3. 实施基建与修缮工程财务决算审计制度

高等学校基础建设与修缮项目的财务决算是对学校改建、扩建、新建与修缮工程所需真实费用与建设成果进行综合记录的书面性文件，其由学校的基建处与财务处共同制定，该财务决算的审计工作需要在相关的建设与修缮项目完工后，积极评价、监督其财务决算的合法性和真实性以及其建设成果的效益性。

（1）审计条件。基础建设与修缮的财务决算审计需要完成以下要求：对已经完成的工程进行验收；以工程结算为依据进行账务清理和结算审计；初步收集竣工财务结算的相关资料，完成相关编制工作。

（2）送审资料。在审计基础建设与修缮项目财务决算时，财务处应该配合工作积极收集相关的资料并报送，即基础建设与修缮资金与拨款使用的相关证据与材料；基础建设财务管理的相关办法与制度；工程完成后的财务决算说明与相关报表；审计账册、凭证与报表等相关的财务档案；对银行债务债权与存款的对账材料与盘点财物、现金的资料。

在对基础建设与修缮工程财务决算进行审计时，基建处应该收集相关的材料进行报送，相关材料包括有关投标招标的材料；立项批复；工程施工的相关材料；施工、采购设备、设计、监理的合同；工程完成后的验收材料；工程造价结算的审核材料与其他有关的材料。

（3）审计内容。财务决算审计的内容包括：工程建设以及概算的执行结果；财务决算制定的根据；交付使用财产；工程项目的建设成本、资金来源与结余资金；扫尾工程的预留工程款与建设的情况；完工后的财务决算报表的合规性、完整性与真实性；报废工程的原因与鉴定的有关情况；必要的审查事项。

（4）审计程序。基建与修缮工程的财务决算审计程序为：

①工程完成后财务决算资料被送到审计部门，组织设立审计组，展开相关工作。

②审计组完成现场审计工作后，草拟财务决算的审计报告，在一定的时间范围内取得基建处和财务处的书面建议，核实书面反馈建议，拟定审计报告。

③书面反馈建议和审计报告由审计组送至相关的审计部门进行审定。

④审计部门对审计报告进行审定之后，主管校领导批准后进行下发。

⑤为了进一步加强管理，需要基础建设与修缮工程财务决算的审计意见书。

基建处与财务处应该努力配合审计部门对基础建设与修缮工程实施的财务决算审计，有关管理部门以审计报告为依据去办理资产登记手续，以审计建议为依据对相关的工程管理进行规范。

4.实施基建处处长经济责任审计制度

基建处对学校有受托责任，是高等院校授权管理基础建设工程事务的职能部门，基建处处长对各部门承担第一责任。所以，要在高等院校的基建处处长任职期间对其实行竞技责任审计，指出其工作中出现的问题。治理与预防腐败要从根本上抓起，以指出问题、客观评析、理清责任为主要目的，对基础建设进行规范化管理，促进有关领导从政廉洁，有效保障基础建设与修缮工程的效益。

（1）审计内容。基建处处长经济责任审计内容应该包括：基础建设与修缮投资计划有没有经过主管部门的审批，有没有把基础建设工程归进计划管理，是否存在私自提高建设标准、扩大基础建设规模的问题；基础建设与修缮费用的使用与管理是否存在违背相关规定的情况；对相关协议与合同的履行情况；工程招标与国家有关规定是否符合；是否存在严重超出预算的项目，工程质量是否符合要求，是否存在延误工期与浪费经费的情况；是否存在私自挪用、截留的问题，使用的效益情况；对基础建设与修缮材料与设备的管理情况；各项内部控制规定与管理制度是否完整合理。

（2）审计重点。进行基建处处长经济责任审计时，以工程管理为中心，使用多种审计方法与技巧，进行重点审计。

第一，审计基础建设与修缮财务的收入与支出，对相关资金使用的预算情况进行重点把握，审查其合法性与真实性、基础建设与修缮的支出情况是否合理真实、项目资金是否存在乱用问题、是否依据合同的规定对基础建设与修缮的费用进行了合理控制等。

第二，对基建处内部控制的条文制度进行审计，了解是否存在未执行、不健全的情况。基建处应该对工程管理方面的各项制度进行完善，加强对重要部分的控制力度，坚持对施工图、设计概念预算与竣工决算等进行审查。以基础建设程序为基本，严格依据规章制度工作，基础建设与修缮工程应该以投标制度为准则，针对投资意向之决策、施工、设计、完工、交付使用的管理过程设立一系列完整科学的规章制度。审计主要对内部控制规章的有效性进行符合性测试，注重对各项数据背后的制度的严密性与合理性进行审查核对，努力找出因执行不到位或者制度不完善而产生的违纪违法现象或者内部控制中存在的不足之处。

第三，对基建处处长在任职内对经济指标与建设目标的完成程度进行审核查验。

第四，审计基础建设的债务债权，了解是否存在遗留与纠纷问题，对其发生与减增变化的合法性与真实性进行核对，注意往来账项，特别注意备款与预付工程款以及材料占用款等。

第五，对基建处资产与资料的完整性与安全性进行审核，审计评价基建档案。

第六，对于基建处处长遵守国家相关财经法律的情况进行审核。

审计基建处处长经济责任的过程中要依据高等院校基础建设管理的现实情况，突出审计的重点部分，严格遵循审计程序。在审计结束后编制出公正合理与客观的审计报告。

5. 实施基建与修缮工程监理审计制度

高等院校基础建设与修缮工程监理审计是学校审计部门和相关人员为评价监督监理工作的质量而采用的一系列控制方法和措施。

（1）审计依据。高等院校对基础建设与修缮项目进行监理审计，应以监理公司投标时在监理工作大纲中承诺的实质性内容、双方签订的监理合同以及国家有关法规、法律为根据。

（2）审计时间。在基础建设与修缮工程实施期间，进行监理公司工程审计工作，并按要求完成。

（3）审计重点。监理单位应该对"质量、进度、投资"三部分进行控制。

①工程质量控制审计。审计监理单位的工程质量控制系统，审核查验其人员配备、责任分工、机构设置以及其包括质量检测、现场会议、质量事故报告、统计报表、处理制度在内的质量控制制度的执行情况；审计施工过程中的质量控制；审计监理单位对进场设备、建筑材料、半成品、构配件和施工机械质量的控制力度。有目的地对施工现场进行检查与巡视，及时对报送的工程质量报表、文件等进行核对，现场审计施工过程中的重要工序与部分，对隐蔽的工程进行重点查验，积极做好相关记录；审计分部分项工程验收程序，督促施工单位向监理单位报送分部分项，使监理单位及时进行查验并提出相关的改正建议。

②工程进度控制审计。审计监理进度控制体系，核对检验其制定的进度控制体系是否可以达到工程进度控制的总目标；审计监理单位审批的施工单位进度计划，一审进度计划能否达到进度控制目标，实际开工与完工时间与规定时间是否相符，二审施工单位的供应计划与工程实际需要是否相契合，三审是否对不同专业工种的进度计划进行协调；对监理单位的进度控制活动进行审计，监理单位应该定期向审计组织递送有关工程进度的控制文件，分析存在的差异，相关审计人员检验现场进度。

③工程投资控制审计。审计监理单位的计量签证，强调对计量内容与相关程序的审计，核查计量程序是否达到了监理合同明确规定的要求，审核是否存在计量对象与计量条件不符的情况，审查签证的实效是否符合监理规范的一些强制性制度，有否以相关规定为根据去使用计量方法，工程的现实情况是否通过计量的有关内容被反映出来，能否保证计量数据的合理准确；审计监理单位使用资金的相关计划，设立的目标与工程建设的现实需求是否一致，审计监理单位编制的资金计划与概算要求是否契合；审计监理单位签署的工程变更，即进度计划变更、施工条件变

更、设计变更、合同工程量清单和原招标资料中没有包含的新增工程等，由施工方或者高等院校提出的工程变更指令应该由监理工程师进行确认签发，审计人员应该积极查验变更工程价款的确认过程以及其是否真实合理；审计监理单位审批的工程结算是否存在越权审批的问题，查验监理单位的审批权限与程序与监理合同中相关规定的符合程度；审计监理单位处理工程索赔是否合理及时，查明索赔事件发生的根本原因，有否坚持以合同为工作根据，监理单位对其职责的履行程度，索赔及索赔的价格是否有法律依据。

除此之外，要审计监理公司是否可以通过招标的形式确定，监理工程师是否从事了与相关项目在经济利益方面对立的其他经济活动，监理公司派往高等院校的总监理工程师的技术等级、资质与投标时的要求是否符合、要评价与审计监理报告的客观性，检查监理日记的真实性与持续性等。

关于高等院校基础建设与修缮项目，需以制度为导向对内部审计进行管理，且应该以基础建设与修缮项目过程跟踪审计记录为主要方面，以基础建设工程内部审计质量控制制度的实施为依靠，在工程建设与修缮过程中挑选合适的时机对基建处处长经济责任进行审查核验，展开对监理单位的审计，在工程交付使用之前完成对工程财务决算的查验工作。

### （四）进一步改善基建与修缮工程内部审计的工作环境

在审计工作实践中，高等院校的内审人员可能身陷两难的境地，即总是在监督者与证明人这两种身份之间转换，其对项目进行审计在一定意义上可保障该项目程序的合法性，其被需要时是需要其证明人的身份。这种情况的出现有两个部分的原因，一是审计环境产生的影响，二是内审人员自己的原因。

内审人员应该坚持以法律为审计准绳，积极提升自己的责任感，提升自己的综合素质水平。政府与高等院校在审计过程中具有重要作用，要积极为内部审计创造一个较好的工作环境。

1.高校应重新认识新时期内部审计在工程管理中的重要性

国际内审协会针对内审作了阐释，即内审的目的在于促进机构运作效率的提升、增加机构价值，是一种客观且独立的活动。内审在面对风险控制、管理与治理程序评价时可采用具有规范化与系统化特点的方法，加快实现机构目的的进程，促进效率提升。

高等学校内审的增值作用可以在两个方面体现出来，一是由内审创造的、包括潜在价值与威慑价值在内的间接价值。内审本身就具有存在价值，其可以通过协调管理、信息沟通、完善价值链等方式为高校创造潜在的价值。二是内审创造的直接价值，也就是说当内审成本低于其创造的价值时，高等院校的资产价值就相应提高，这说明内审部门可以通过某种努力预防与减少高等院校的损失。

高等院校的审计部分具有四种主要的功能，即"服务、监督、控制、评价"。审计与经济活动密不可分。高等院校基础建设的建造时间比较长，投资规模大，具有较强的专业性，由多方参与，经济关系错综复杂，需要审计对其进行控制与监督。为了使学校实现增值目的，内审应在审计过程中把服务与监督这两者结合起来，应该客观合理地对控制和监督对象进行评价。

内审具有权威性、独立性与全面性的特点，这对其他控制与监督的对象来说是一种再控制与再监督，在高等院校打击腐败提倡廉洁的工作活动中也产生了积极的影响，发挥了建设性与防护性的作用。

学校不仅要在项目管理过程中实现经济与社会效益，而且要保证相关工作程序合法推进，同时要重视审计的重要作用。

高等院校应该大力支持与投入内审信息化建设工作。现如今信息化技术快速发展，高等学校的办公、教研、教学与财务处理信息化平台已经创建完成，所以内审也可以与信息化技术相结合，和高等学校的业务平台相互连接，在必要时发挥巨大作用。

2. 政府应加大力度实施规范而严格的监管

从高等院校外部审计的角度去思考，政府应该重视并加强处理违规等不良行为，对建筑行业进行规范，设立建筑企业累计业绩制度，保证监理职业道德投诉路径的流畅性。企业要积极维持、重视自己的信誉与未来发展，对资质进行严格管理，制定合理且符合实际的监理工作评价标准，采取政府退出机制与加强行业自律相互融合的管理方式。

政府需要加强对高等院校基础建设与修缮项目的监督。教育主管部门应重视对高等院校的管理，构建行业内交流和学习的平台，积极监督和指导其资产、财务、基建、审计等方面的工作。政府应审计重大项目相关工作，适时开展针对高等院校相关负责人的经济责任审计，保障高等院校基础建设项目的规范管理。

3.政府应强化对相关专业技术人员（岗位）的监管

因管理基础建设与修缮项目需要各个行业的专业技术人员，所以国家应该更加深入地对其从业与资质进行管理。现如今，设计行业、监理业、建筑业极度缺少专业人员，这不利于行业的发展。

政府需要规划的政策需要以现实情况为依据，促进各种专业技术人员真正实现职业化，使他们能充分、积极地使用技术专长，积极为社会奉献自己力量。

# 第五章　高校领导干部经济责任审计

# 第一节  高校领导干部经济责任审计基本内涵

## 一、高校领导干部经济责任审计概念

审计高等院校经济责任的工作与审计政府部门领导经济责任的工作，无论是在实质方面还是在主要内容方面都存在很多共同之处，但由于外在环境的一些因素，这两者之间也存在一些差异。一般情况下，为了促进国家机关领导顺利地履行自己的经济责任，就要针对政府相关干部、领导任期与离任两个阶段进行经济责任审计工作。实际审计高等院校领导经济责任的目的是查验相关领导在工作期间的工作效率，提高学校领导的思想道德水平，促进相关领导严格遵守法律法规，促使其从政廉洁，同时加强监督高等学校干部履行经济责任的情况。审计部门需要积极监督被审计领导在工作期间的经济与财政活动，对其活动的自律、廉洁、守法、真实性等进行客观评价。

审计高等院校领导人员的经济责任包括两个方面，一是对高等院校中层领导的责任审计，而是对高等院校校级领导的责任审计。在经济方面对我们国家高等院校的政党干部进行审计不仅可以警示后进干部，还可以促进提高其工作效率，使其积极履行其肩负的责任与义务，明确经济责任归属，有利于提高监督的有效性。除此之外，这种审计工作还可以成为考核标准，从而提拔在审计工作中成绩优秀的干部，在根本上杜绝相关干部违法乱纪的现象，有效提高我国高等院校的办学质量。

## 二、高校领导干部经济责任审计的类型

### （一）按照高校领导干部经济责任审计的对象进行分类

企业与事业在工作的内容、性质、运行机制与管理等各个方面都存在很大差异。以审计对象为依据，高等院校领导干部经济责任审计可以划分为针对社会化后勤集团负责人、校办企业、行政负责人等进行的经济责任审计，其中针对校长的审计工作是主要方面。社会化后勤集团负

责人与高校校办企业经济责任审计指的是针对社会化后勤集团、高校投资企业的法定代表人的责任审计。

### （二）按照高校领导干部经济责任审计实施阶段划分

以实行阶段为划分依据，针对高等院校干部进行的经济方面的审计可以分为专项经济、离任经济与任期中经济责任审计。

审计部门重点强调见证与监督相关领导某方面的审计工作，而审计其在职期间的特定经济责任情况就是专项经济责任审计。审计部门在相关干部调离所在的单位或者结束经济责任关系之后，鉴证、评价其在职期间履行经济责任的真实情况，就是离任经济责任审计。鉴证、评价与监督现任领导在工作生活中进行的经济方面的活动是任中责任审计，其目的是促使在职干部进一步勤勉、廉洁地工作，提高在职干部在工作中的管理效率，促使其严格守法遵纪，善于发现工作中存在的问题并积极改正。

现如今，在我国高校中占比最大的是离任经济责任审计。

## 三、高校领导干部经济责任审计的特点

相比于常规的审计工作，针对高等院校干部的经济方面的审计工作具有三大特点，即审计内容的综合性、责任界定的复杂性、结果运用的特殊性。

### （一）审计内容的综合性

不同于一般情况下的审计工作，高等院校干部经济责任审计内容包括经济效益、财经法规、财务收支等多个方面，具有复杂综合的特点。且相比于普通的国有企业，高等院校的目标责任与运营方式都表现出了独特性，高等院校的目的并不在于挣钱，对科学研究的推动与对高等学校人才的培养都具备后续性。所以，核查高等院校干部在其任职期间有无重视执行国家人才培养政策、有无履行科研责任是审计过程中的重要部分，另外还需要有效判断被审计干部的重大决策的后续影响与科学性。

### （二）结果运用的特殊性

审计高校在经济方面的责任，不仅可以督促被审计学校的经济活动、管理与内部财务等方面的工作，还可以评判鉴别学校干部工作期间在经

济方面的执行效率。基于此，组织人事部门、纪检监察机关与上级干部在确定经济责任人时可以参考审计结果，对被审计人员提出相应的处理意见，如免职、调任等。

## 四、高校领导干部经济责任审计的对象和内容

### （一）高校领导干部经济责任审计的对象及范围

对学校干部在经济方面的责任进行审计的过程中需要面对的对象有很多，其范围比较宽广，而在这一部分叙述中所指的干部领导是高等院校中有经济责任的副处级领导或者正处级领导。具体触及的学校相关部门有基础建设部门、财务部门、科研部门、后勤部门等，而涉及人员有各院院长、系主任和负有经济责任的并且需要接受经济审计的其他人员。

针对高等院校干部在经济方面的责任审计工作在时间的控制上，主要是被审计干部的全部任职期，经常是指任职的当月到离职的当月，可以以具体的审计情况为参考确定审计的重点方向，而关于重点问题与重大事项则能够追溯到以前年度。审计范围主要包括被审计干部的分管单位与其在职学校的校本部，在一定情况下，可以采取必要手段，如对其学校相关联的所属事业单位进行调查与延伸审计。

### （二）高校领导干部经济责任审计的内容

高等院校领导干部经济责任审计工作主要分为六大内容：一是内部控制与管理的相关状况。二是对国家财经方面法规法律与有关制度条文的执行状况。三是预算及预算执行、其他财务收支活动的效益状况与其合法性与真实性。四是被审计干部本人是否真实依据廉政相关规定办事。五是高等院校在经济方面做出重大决策的相关情况。六是其他需要审计的事项。不同的审计对象决定了在审计过程中需把握的审计重点也各不相同。下文重点阐述高等学校中各个部门干部责任审计工作中的重点内容。

（1）针对财务管理部门领导干部的经济责任审计还应重点关注以下方面：

①执行情况及预算编制。涉及预算编制内容的真实性、对象范围的完整性，收入预算的科学性和完整性等。

②资产负债专用基金的情形。涉及资产是否真实完整问题以及其负债、资产与专用基金是否具有法律依据的问题。

③使用专项资金的情况。侧重于检验高等院校专项资金的来源、使用、规模、管理和结余的具体情况。

（2）基建部门主要负责人经济责任审计还应重点关注以下方面：

①基础建设项目立项是否具有完整的批复文件和申报文本，实施的工程进行招投标的相关证据，程序是否有相关的法律依据。

②基础建设项目的合同签订是否具有法律效益，是否存在有不公正不公平的情况。

③结算工程价款的真实性，基础建设经费的来源是否清楚明了，是否具备合法性，其管理使用产生的具体的效益。

④工程完工后的验收检查及评价工作有否完成。

（3）教学管理部门和系（部）主要负责人经济责任审计工作内容还涉及以下方面：

①学校是否统一管理教务、教学等方面的教育经费收入，是否存在私设银行账户、滥发钱物、截留与公款私存等不良现象。

②教学经费的使用有否严格遵守相关规定，有无贪污挤占、损失浪费问题。

③对教学材料、经费与仪器设备有否依据相关规定进行有效管理。

（4）科研管理部门主要负责人经济责任审计主要内容还应包括以下方面：

①学校有否统一管理教务、教学等方面的教育经费收入，是否存在私用等不良现象。

②科研经费在使用上的明细，产生的效益情况，是否严格遵守相关规定。

③科技服务、项目、成果转让等方面的管理有否依据相关规定合法进行，产生的具体效益如何，是否存在严重失误。

# 第二节　高校经济责任审计风险与防范

## 一、审计风险类型

在审计经济方面的职责时，如果审计人员发表错误的审计建议或者得出不正确的审计结论，则其与相关组织就要承担经济损失与法律责任，而这种情况发生的可能性就是审计经济职责工作中蕴含的风险。这种风险是不能被规避的，但我们可以进行防范与控制。对经济责任审计中蕴含的风险进行正确了解和有效防范，有利于更好地推进高等院校的相关审计工作。现如今对高等院校进行经济方面的职责审计的风险可以划分为三大类。

### （一）内部风险

内部风险主要是来自高等院校内部审计的风险。

（1）不能全面认识经济方面的职责审计工作所带来的风险。

（2）高等院校没有充分发挥职能带来的风险。

（3）审计人员自身问题所带来的风险。

（4）内审制度与规范滞后带来的一系列风险。

### （二）外部风险

外部环境产生外部风险，大体包括以下几种风险：

（1）审计单位带来的相关风险。

（2）教职工的期望风险。

（3）高校经济环境变化带来的风险。

（4）因协调外部审计工作比较困难而存在的风险。

### （三）固有风险

经济责任审计工作的特殊性质带来固有风险，主要包括以下几种风险：

（1）审计力量不够强大与审计任务比较沉重繁杂之间的矛盾带来的相关风险。

（2）经济责任审计评价产生的风险。

（3）干部领导离任前审计制度未形成带来的风险。

## 二、审计流程风险分析与控制

高等院校在经济职责方面的审计流程可以划分为四个部分，即准备、执行、评估、报告结果。每个方面都存在着审计风险，下文对此进行了详细阐释。

### （一）经济责任审计准备阶段风险分析

对审计环境的风险进行评价是经济职责审计工作的准备环节，也就是说要对评估审计工作中可能带来的风险内容与其强弱程度进行精确把握，把精力集中在风险比较高的部分，降低审计风险，提高审计工作效率。

为预防准备环节出现的风险，需要在该环节进行充分调查，涉及对被审计单位与被审计者的调查，然后要进行初步分析并对其重要性进行评估。最后，审计小组要以调查结果为根据对审计风险进行交流讨论，制定相关的审计方案，对可能出现的审计风险进行预防。

在审计中，需要与被审计者取得联系，向被审计者提出要求，即在审计工作的 10 个工作日内向相应的审计部门递交述职报告。被审计者主动提交的自查材料有工作任务的执行程度、个人简历、各项经济目标、工作期间财务收支；对相关法律法规的执行情况、个人科学决策、依法行政、自律廉洁的情况；所在部门中债务债权以及国有资产保值增值的变动情况及其原因；重大非经营性或者经营性项目产生的效益数据。

要与被审计人员进行交流座谈，介绍审计过程，争取相互合作。或者要求被审计单位提供所需要的材料，或者采取问卷调查、询问的方式获取资料。要通过现场检查，对被审计人员设立的经济管理活动场所进行查看，与被审计人员沟通交流，从中了解被审计人员经营管理活动各环节、性质、工作气氛、实物资产和与其他单位的关系等。另外，要对其背景资料进行分析，这涉及有关的法律、组织结构、工作说明书、组织目标、组织条例、岗位责任制、定期报表、汇总报告、重大经济活动文件等，而审计人员需要对这些书面材料的真实性、有否妥善保管、怎样组织、是否有序等方面进行分析。在收集大量材料之后，被审计部门与被审计人员要做出书面上的承诺，保障材料的真实与完整，并客观叙述其他有关的事项，最后由被审计领导与财务负责人签字落实。在经济职责审计过程准备环节的最后，要完成本次审计工作的审计方案，审计方案包含审计范围、目标、特别注意事项、审计证据、时间安排等部分，也即审计工作计划、审计时间安排相关文件。审计人员分工涉及谁进行审计报告整理与编写工作、谁去报送审计报告、什么时候报送审计报告等问题。审计方案完成之后需要科长进行核验，然后交由审计处处长审批。

在执行审计责任工作的三天之前，审计机构要向被审计领导所处的部门递送审计通知书，并把该文件送到被审计领导本人手中。

### （二）经济责任审计实施阶段风险分析与控制

在经济职责审计工作的实施环节需要以前一环节确定的审计方案为基本依据，然后进行具体的审计工作。

高等院校经济职责审计实施环节所产生的风险大多是评估这一环节程序与结果准确性的风险。为了控制这一环节的审计风险，审计人员需收集相关材料，积极寻找审计过程中的问题与关注重点，复核、分析相关指标。要以工作为准为相关会计报表与账户的审查工作分配合适的审计人员；通过对被审计部门内部控制规章落实状况的核查，评估内审成果的真实可靠程度，促进审计效率提升，降低审计工作中的风险。

开展审计会议，而审计分管处长、小组成员、分管校干部、被审计人与其所在单位的有关人员要积极参加会议。审计工作正式启动之后，要以准备换届的初步审查结果为根基，开展进一步的核查，具体可以使用观察、审核、询问与复核等手段，加之抽样审计的方式，测试被审计人所在部门在内控方面的合法有效性与适当性；要利用分析性的审计手段，以有关的经济职责指标系统为依据，比较分析各项经营与财务报表的数据，具体涉及预算与实际、账户之间的关系、多期数据的趋势等，积极发现存在的问题。

实施环节的重要部分在于对内控规章的评价与分析，主要针对内控规章的完善程度和具体落实情况。第一，审计工作人员需要积极调查被审计部门内控规章的设立、内容与落实状况，对其控制手段与流程进行认识与分析。第二，可以利用调查表的方式描述被审计人员所在单位的内控情况。比如，对内部管理规章的设立与落实情况的评价，尤其需要关注被审计人员在工作期间所在部门对财经纪律与法律的落实情况，对其符合性开展相关测试，进一步对内控规章进行了解。之后要进行金额测试，也就是实质测试，对账户金额的真实性进行评测。评价被审计部门内控情况，需要关注三个方面：①是否具备有效且经济的控制。参考相关原则，了解各个控制环节所需要的经济费用与该部门规模控制所制造的经济效益是否吻合，有否出现为强调制约与追求控制而设立过于复杂的控制流程的问题，各个控制程序与预期要求是否吻合。②是否具有严谨、科学的控制。被审计者所在单位是否以部门的现实情况为依据进行内部控制，整个内控系统的完整性是否合格，各个控制环节之间是否具备协调严密的联系与衔接，是否存在控制真空的问题。③是否具备合法合理的控制。各个控制环节与党和国家相关的制度政策是否符合，尤其需要注意某些不恰当的变通现象。

**（三）经济责任审计评价阶段风险分析与控制**

经济职责审计过程中一个极为重要的步骤是对于其审计工作的评估，它不仅是委托人与被审计者关注的部分，也关系到审计工作的风险与质量。

所以，审计机构必须积极关注审计工作表现出的特征，在核对相关审计事项的基础上，对有关的经济职责界线进行划分，对被审计部门领导人员在经济方面的职责做出客观真实且准确的评估。实际上，经济职责审计工作的整个过程中都蕴含着对审计工作的评判。

经济职责审计评价的风险体现在评价范围的全面性与关联性、评价结论的事实根据的客观性方面。为了降低风险，应该积极创建详细的评价指标系统与评价项目，制定比较具体的考察准则与职责目标，通过质量关系与数量特点分析，实事求是地评估领导在工作期间自律廉洁的水平与其对于经济职责的执行情况，为上级管理单位鉴定被审计对象提供真实的参考依据。

在这一环节，评估内容往往与被审计干部的经济职责相关。此外，也可知院校经济职责审计工作的重点在于对被审计人员的廉洁水平进行评估。

在经济职责审计评价工作中，要了解审计评价的目标与过程，并以此为基础对审计相关资料进行整理与收集，而评价的内容包括资产质量、会计信息质量、经营绩效、国有资本保值增值情况、经济责任目标执行情况、领导人廉政情况、内部控制规章建立健全与落实情况、被审计人工作期间的业绩、遵守财经法规情况等。以下详细说明主要环节。

第一，遵守对国家财政规章情况的评判是审计工作人员所在部门在整体层面上依据财务制度、会计制度、国家方针政策对被审计人做出的评价。具体以法律规章为根据对违反国家财经法律等情况进行认定，判断被审计对象承担的职责与其问题的根本性质。

第二，针对财政收支、财务会计真实性所进行的评判就是财务收支状况评价。对于审计过程中发现的违纪现象，如截留收入、私自设立小金库等行为，要在评价结果中做出阐述，明确相关人员的责任。

第三，审计评价的重要部分是对国有资产的使用与管理、增值保值情况进行评价。是否具有完整的国有资产、是否存在增值保值的情况对于相关领导廉政与业绩水平评价影响很大。主要的评价内容包括资产减增变化与原因、债务债权的合法真实性、是否存在资产流失现象、资产使用记录等。

第四，把内部控制与财务管理评价结合起来。被审计者的管理水平往往需要通过内部控制规章的完善情况与落实水平体现出来，而财务管理又可以对一个部门的经济活动情况进行反映，这也就体现出了被审计者的业绩水平。

**（四）经济责任审计报告阶段风险分析与控制**

总结前面所有阶段工作的成果形成审计报告，并把该报告提交给被审计单位主管部门的过程就是高等院校的经济职责审计工作的报告阶段。审计报告由多个部分组成，即审计的范围、目的、发现、总体审计程序、建议、结论等。审计结论指的是被审计者在任期内在经济方面的职责的确定。审计发现指的是审计工作人员发现的问题，及对这些问题进行的评价。

高等院校经济审计的产品就是审计报告，该报告是唯一可以对审计人员业绩与能力进行反映的文件。如果不把审计的具体结果控制在能接受的范围内，不能依据计划推进审计程序，不能对领导做出真实客观的评价，被审计人员对审计报告提出巨大异议，没有复审与修补的必要，那么在这一阶段就可能会产生风险。对报告阶段的风险进行控制可以利用审计目标与评价审计项目结果之间存在的不同。这一审计阶段所表现出的特点在于划分经济责任与发表审计意见要听取被审计人的建议并与领导交换建议，对具有争议的问题进行多次的复查审核。

审计小组把完成的审计报告的初稿递送到审计单位并收集被审干部的相关建议，在正式的报告完成之前对其做出相应的反馈。在审计初稿形成起的 10 天内，被审计干部要把书面建议递送给审计小组，如果超出期限就视为无异议。如果被审计领导在最开始没有异议或者在交换意见后没有其他意见，那么以原审计报告作为标准并且由审计小组正式完成审计报告；该报告要先交给审计处长进行评审，再交给校领导与主管进行审批后送到人事处、组织部、被审单位进行抄送，然后送到相关单位，最后由审计处整理相关的审计材料并进行归档；如果交换意见后存在不同意见，那么被审计者可以以审计报告初稿为依据，制定一份反馈意见声明，与审计报告一起交给相关管理层；如果存在其他建议，被审计干部与审计小组双方交换意见达成一致，审计小组修改审计报告并再一次收取被审计领导的建议。

## 三、审计风险防范措施

### （一）树立内审的权威性

为了在最大范围里实现内部审计的独立性，相关工作就需要得到高校领导层，尤其是校长的支持与重视，具体包括合理调配审计人员、建设独立的审计机构、提高内部审计机构负责人的领导地位。唯有具备优秀的组织条件，内部审计机构才可以相对独立地进行工作，才可以让被审计对象和有关单位对审计报告十分重视，并采取合适的改进方法，有助于内审权威的树立。这些条件不但要由内审部门争取、创造，还要由单位提供，关键时还需要得到上级业务主管单位的政策支持。

### （二）加强宣传优化审计环境

（1）要将审计法规的宣传力度增强，让教职工们真正了解国务院、党中央关于实施经济责任审计这个举措的必要性与重要性，确定经济责任审计的方法、对象、程序、内容与配合实施这项工作的职责，给予审计工作更多的支持和理解，给审计部门提供较好的审计环境。

（2）组织加强纪检监察部门与人事的配合。依据组织人事部门的要求和它了解的领导干部变化情况和审计资源，明确重点审计方案、审计对象、审计计划等。强化跟纪检监察部门的合作，同时使用纪检监察部门已有的线索确立审计重点，提升审计的效率。

（3）强化跟外审的合作，适当运用社会审计与国家审计部门的审计结果，不但可以提升审计效率，还可以降低一些审计的风险。

（4）强化跟其他形式审计的合作。重视和财务审计等常规审计项目的协作配合，可以提升审计效率，节约审计资源，达到事半功倍的目的。

（5）以认真的态度接受审计单位的意见。被审计单位教职工座谈会的开展，是预防审计风险、听取意见的有利方法。对领导干部述职报告里对自己的评价，要在教职工座谈会上给予肯定。要深入调查有异议的问题，搞清楚事实，综合判断、分析，尽力解决审计风险。

### （三）建立完善经济责任审计制度

尽管当前经济责任审计工作得到了高等院校的重视，但经济责任审计工作责任重大，仍需要我们进行长时间的艰苦奋斗。内部审计工作中缺乏严格的审计制度和准则，缺乏统一的、量化的评价指标、体系。当内部审计人员将一些重要的审计程序简化了，如果不要求被审计经济责任人给出书面承诺或者不经书面委托就开展审计等，就会产生审计失察，得出不适当的审计结论。这就需要所有的内审单位依据本单位的真实情况，对经济责任审计行为与程序进行规范，制定切实可行的经济责任审计制度。

（1）加快建立健全的先审后任、有离必审、先审后离制度。充分发挥经济责任审计制度的作用，对强化领导干部管理监督、加强廉政建设、端正党风具有重要意义。

（2）建设双向承诺制度，确定双方的法律责任。相关人员、被审计单位负责人、财务负责人需要给出书面的承诺，确保给出的资料有效、真实、完整。审计组要给出书面承诺，以确定按照审计方案规定的操作程序与内容进行审计，无论谁违反都要承担责任。

（3）建设完善的领导机制，确保经济责任审计的实施。建设与完善审计通报制度、审计结果反馈制度、联席会议制度，并用规范的文件形式确保纪检监察、审计部门、组织人事的分工，确保他们都履行自己的职责，并对他们加以管理。

（4）审计评价指标体系不仅要操作性强，还要适合高等院校系统。统属单位领导任职的时候，要清晰地知道自己的经济责任指标和目标，以方便任期届满时的考核，准确评价自己的经济责任。

（5）加强内部控制制度审查。要构建完善的内部控制制度并让它有效实行，让高等院校的管理制度更加规范化、科学化、制度化，确保校园资产的完整性，保证学校会计资料的完整性、合法性、真实性，在根源上预防与降低弊端出现的可能性。

（6）构建完善的审计质量保障体系。每个高等院校都可以结合具体情况和内部审计准则，完善与实施高等院校经济责任审计实行方法、具体规定，完善审计方法与程序，健全质量考核评价体系与文书格式，构建审计项目质量检测制度、审计报告复核制度，提升审计结果的客观性、公正性、精准性，促进经济责任审计规范化。

（7）构建审计结果应用机制。奖惩、提拔、任用干部的有关规定指出了在领导干部管理监督中经济责任审计的重要性；在进行干部业绩考核时建立一个专栏，往领导干部个人档案里放入审计结果材料，进行永久存储。

**（四）建立经济责任审计档案资料**

经济责任审计时间很统一，为了节省物力和人力，高等院校内部审计人员最开始要恰当使用专项审计的结果与年度财务收支审计结果，不支持反复审核。然后，要统一组织和适当安排年度审计计划，尽可能在年度审计项目计划中列入经济责任审计任务。另外，在日常审计过程中，内部审计人员要处处留心，重视对有关部门经济责任负责人资料的搜集、分类认定，主要包含其任职期间的部门收支情况、财务收支情况、资产购买报废情况等，对收集到的资料要储存好，且要用电脑储存，以供经济责任审计用。

**（五）量力而行合理分散审计风险**

高等院校的内审在物力、知识结构、审计手段、人力等很多方面，都受到一些限制，依据审计工作中指出的"全面审计、突出重点、量力而行、稳步推进"方针精神，在确保审计质量的基础上，要知道如何准确使用社会审计机构、其他内部审计机构的力量，恰当降低审计风险。详细来讲，进行内部审计的人通常要面临被审计对象在职期间的重大经济问题。对科研项目进行验收鉴定时及工程项目完工结算时，有第三方权威、公正机构进行认定，同时内部审计机构委托社会审计机构与其他外部有关专家展开认定、审计，这样不但能够很好地预防由于内部审计人员专业技术不足所产生的审计风险，还能够提升审计结论的权威性。

**（六）客观公正地做出审计评价**

1. 遵循"五项原则"，客观公正，实事求是

第一项原则，以经济责任为主。审计评价要根据被审计者在职期间的有关经济责任展开。第二项原则，客观性。以事实为根据，以法律为准绳，给出实事求是、客观公正的评价。第三项原则，全面性。历史、全面地进行分析，不仅要提出有关问题，还要体现工作业绩。第四项原则，重要性。对重要的事情展开评价。第五项原则，准确性。根据审计核实的证据，评价时要实事求是，观点鲜明，措辞严谨、准确、规范，坚决不能胡乱定性。

2. 定性分析与定量分析相结合，坚持"五不评"

让评价更加科学与合理，不随便分析、不主观妄断、不妄下定论、有据可依，也就是说不是经济责任或者不是跟审计有关的事情，统统不作评价。对无清晰法律法规为依据的审计事项或者比较烦琐的事情，也都不作评价。而且，对于跟审计无关的事情也统一不去评价。没有审计证据或者审计证据不足的，不进行评价。

3. 划清"五个界限"，分清"五个责任"

明确钻政策空子赢取私利和改革错误的界限，清楚徇私舞弊责任和无意过失责任；明确个人决定和集体决定的界限、知道个人决定责任与集体决定责任的界限，以及后任和前任的经济责任；明确客观因素和主观因素的界限，以及客观责任、主观责任；明确直接责任跟主管责任、领导责任的界限，了解直接责任、间接责任。

4. 紧扣评价依据和标准

内部审计道德规范和内部审计基本准则、《教育系统内部审计工作规

定》等法规法律，都提到了客观公正、正确的经济责任评价规范。唯有精准地把握有关规章制度、法律法规、方针政策，审计评价和审计结论才可以恰当、实事求是、公正、客观，真正展现出经济责任审计报告的重要性，才可以让人们信服，经得起考验。

## 第三节　提高高校经济责任审计质量控制的措施

### 一、加强审计宣传，改善审计环境

改善审计工作环境，尤其是跟领导干部自身利益的经济责任审计工作环境的有关进步，需要对审计进行很好宣传。因此，有必要强化高校领导的经济责任审计观念，让他们意识到开展经济责任审计，对推动提高办学效益、提高管理水平、优化资源配置、构建学校廉政的作用。一，审计员要凭借这个政策东风，强化宣传，强化校级领导的经济责任审计观念；二，审计员能够根据简报、网络、报纸等方法，分析经济责任审计的目的、意义、内容，进行宣传；三，经济责任审计联席会议的构成部门，能够根据自己的工作条件向每个部门的负责人进行宣传；四，审计处的负责人能够根据召开座谈会、走访等方法进行宣传；五，制定政策规定，让审计工作获得政策支撑。

总而言之，我们能够根据有利条件，对经济责任审计工作进行宣传，使被审计对象知道审计的最终目的，并不是挑骨头、发现问题，而是有利于管理，保护干部，降低他们的对立情绪。

### 二、保持审计的独立性

审计的灵魂是独立性。审计员独立的工作、机构设立的独立性等方面都属于独立性，他们都要获得领导的支持、重视，以方便经济责任审计工作的有序开展，并且对领导干部进行客观、真实的审计评价。

### 三、明确经济责任审计的范围和内容

高等院校的经济责任审计对象很复杂多样，包含后勤产业、院系职

能部处、教辅单位等单位。经济责任审计的重点、内容，也会因为不一样的职能部门和不一样的经济运行模式而不一样。把校园后勤产业管理部门的领导干部经济责任审计作为例子，某些以服务性质并实行预算资金拨付包干运用的部门，不用承担国有资产增值的责任，不用把国有资产是不是增值加入到审计的范围中；对某些具备法人资格的经营性企业。例如，校办产业、招待所的经营生产目的，就是追求最大的资本利益，就不用把服务满意度加入审计的范围里，与之相反的是，国有资产是不是增值就应该是审计的重点；对于服务和经营相结合的餐饮中心来说，不应该把盈利的水平作为审计考核的重点；除此之外，还要尽量不要涉及领导干部的人事管理、工作作风、生活作风、政治素质等方面。这样可以重点对经济责任主题的内容进行展开，这样可以方便审透审深。总而言之，就是不要忽略重要的问题、重要的线索、重要的事情。对于大部分在教学科研方面与行政管理方面的领导干部，就是从他们使用职权、使用经济职权时，所出现的经济责任事情进行掌握，并加入审计的内容、范围。

### 四、加强审计力量，寻求其他有效途径

要想强化审计的力量，不仅要将审计人员的综合素质进行提升，还要提高审计员的人数。由于高等院校属于国家事单位，他对人数有十分严格的编制限制，所以我们必须进行强化业务训练，认真探寻审计的新手段、新方法，在人员质量上确保审计工作可以完美进行，由此可知，努力提高自身素质是很有必要的。与此同时，在学校允许的前提下，我们能够利用经济责任审计中的"积极稳妥、量力而行、提高质量、防范风险"的指导方针，利用外界的力量，交托正规社会审计机构进行审计，或运用"校际联审"的方法，处理缺乏审计力量的问题。

### 五、理顺审计程序，充分发挥联席会议作用机制

只有管理部门进行委托，才可以实施经济责任审计工作，这是经济责任审计的一个特点。审计部门在审计时跟干部管理部门的协调工作，在很大程度上影响着审计工作的质量。所以，学校一定要尽快发挥与构

建经济责任审计联席会议的作用机制，构成人事、监察、审计、组织、纪委等部门的协调工作，第一时间进行沟通、交流，积极配合，来提升审计的工作质量与效率。

## 六、处理好问题的揭露和情况的披露的关系

跟其他审计比较来说，经济责任审计在问题的体现方面有一些差别。经济责任审计不光要揭露领导干部履行工作职责、单位内部管理等问题与情况，还得揭示财务收支方面的违纪行为。上述提到的问题、情况，有一些是相关法律法规无法界定的。假如审计不揭露，就会承担风险与责任。其次，高等院校的经济责任审计制度还不完善，审计工作会受到诸多手段、因素的制约，审计部门无法决定很多问题的揭示。在这种时候，审计部门应更加谨慎，努力解决好揭露情况、揭示问题间的关系。在现实中，能采取审计风险转移的方式。比如，在审计过程中，找到的现象，但没办法考证，尤其是某些获得主管校领导允许，但是教职工不同意的事；有些审计部门没办法判断真实性的事；某些审计没办法查证、很难找到问题，而教职工一直反映的事等，都需要运用陈述写实的形式展示出来，审计部门不能定性，也不可以进行评价，需要把它当作一般性的情况进行反映，并把它在审计报告里体现出来，让用报告的人进行分析、判断。

## 七、把握好审计评价

经济责任审计工作的重要组成部分，就是经济责任审计评价。它是预防审计风险、确保审计质量的十分关键的环节。要始终保持准确性、谨慎性、客观性、全面性的原则，详细的操作会在下面四个方面进行介绍：

1. 准确性

也就是说在评价时，定性一定要精准，用词和法律法规的使用必须要恰当，内容也要十分精准，不去贬低也不进行夸大。要带给人们清晰的印象，切不可含糊不清、模棱两可。

2. 谨慎性

就是指揭露问题时，要准备好充足的证据，结合法律法规去定性，

只根据审计事情的内容进行评价。这里需要关注的，就是说话一定要有余地，以防审计风险的提高。对个人廉政问题，没有找到问题的，就可以进行一般客观说明。如果发现一个人有违法乱纪的情况，就要尽快根据有关规定来进行处理。评价用语都是运用直接陈述的方法，结合领导干部的经济责任，使用量化、写实的评价方法。

3. 客观性

也就是审计评价要将实事求是、不受外界影响、不以个人喜好为根据、不主观假设、客观公正、的问题与情况展现出来。证据不充足与没有经过核实指标的事项不进行评论，没有通过审计的不进行评价，只在审计查实的条件下展开评价。

4. 全面性

也就是领导干部在职期间，在全部重大经济活动的前提下，在全局的角度，不光指出问题，还要肯定成绩，对领导干部进行深入、全面地评价、分析。除此之外，还要依据高等院校里的各种组织机构，择取审计评价里的各种侧重点。只有教学科研行政管理职责的学校领导与有经营目标的领导，对经济责任评价的侧重点存在很大的不同。前者侧重于资金的使用效益、内控制度的有效性、财经法规情况的执行。后者侧重于单位资产的保值增值问题。

## 八、重视审计建议

实行经济责任审计的最终目标，不是在审计过程中找到问题。实行审计的最终目标是根据审计找到的问题，给出抑制措施，强化对运行资金的管理、监督，提升经济效益。除此之外，在写审计报告的时候，多写出一些有意义的建设性建议、意见，才能够让被审计领导干部信服，降低交换意见的困难。在提审计意见的时候，尽可能地考虑到下面这些因素：一，不光要注重被审计单位的持续发展，还要对被审计单位现实问题的处理有帮助；二，要遵守国家的财政制度、规章、法律、法规；三，要顾及成本效益原则；四，要具体、到位、可操作性强、明确，适合被审计单位的管理活动、经济活动，具有可行性；五，有针对性的帮助被审计单位、领导干部处理问题，将风险变低。

## 第四节　高校处级领导干部经济责任审计的依据和原则

### 一、高校处级领导干部经济责任审计的依据

开展高校处级领导干部经济责任审计工作的依据主要有以下五个层次。

第一个层次，高等院校的经济责任审计，是根据相关法律法规展开的，主要涉及《中华人民共和国审计法》《中华人民共和国宪法》等。

第二个层次是地方法规，如《广东省党政领导干部任期经济责任审计实施办法（试行）》等。

第三个层次是党和政府或教育主管部门的规章制度，如《中华人民共和国审计法实施条例》《审计署关于内部审计工作的规定》《教育部关于做好教育系统经济责任审计工作的通知》《高等学校有关行政负责人经济责任审计实施办法》等。

第四个层次是内部审计准则，为高校经济责任审计的顺利进行提供可操作性指导意见的实务指南。比如，《内部审计实务指南》针对领导干部在职期间的经济责任审计，提出了具体的规定，还有《内部审计人员职业道德规范》和"审计计划"等20余个具体审计准则。

第五个层次，提到了高等院校经济责任审计工作的重要保障与基本依据，是与经济责任审计、内部审计有关的规章制度。例如，高等院校制定的《XX学院处级领导干部经济责任审计办法》《XX学院内部审计工作的规定》等。

这些法律法规和规章制度的出台，对领导干部正确行使经济责任和高等院校处级领导干部发展经济责任审计工作等起到了十分重要的作用。

### 二、高校处级领导干部经济责任审计的原则

为了保证高校处级领导干部经济责任审计工作的质量和效果，实现审计目标，审计人员在开展工作时应遵循以下原则。

（一）实事求是原则

对领导干部需要承担的经济责任的检查就属于高等院校的处级领导干部经济责任审计工作，直接影响他们的政治前途，责任重、风险大，而且要求所发现问题都有法律依据与审计证据。在经济责任的界定过程中，需要把审计取证的数据作为主要依据，真实地展示问题。

（二）依法审计、分清责任原则

审计人员要以法律为准绳、事实为依据认真进行审计。对各种事项都要客观分析，查找原因，区分间接责任和直接责任、客观责任和主观责任、前任责任和任期责任。唯有如此，才可以针对处级领导干部在职期间需要承担的经济责任给出公正、公正、客观的评价。

（三）相关性和效率性原则

审计人员在进行审计时，应把是不是跟行使经济责任情况有关当作标准，从而确定审计的范围。与此同时，经济责任审计应注重工作效率，不然时间久了，就没有审计的现实意义了。

（四）透明性原则

想明确高等院校处级领导干部是否做了自己该做的工作，就要收集各方面的情况，尤其要利用审计了解真正的情况，又因大众的评价最真、感受最深、意见最准，所以还要对教职工的体会进行了解。对处级领导干部的工作进行评价、考查，不仅要听教职工的意见，还要听人事部门、纪检监察部门、组织等有关单位的建议。

（五）及时反馈原则

针对处级领导者的经济责任展开的审计，就是经济责任审计，而部门负责人要了解审计报告对自己的整体评价。所以，除了在审计时跟负责人进行沟通以外，将审计报告提交给学校组织部门、党委以前，还要争取得到其想法。

# 第五节　高校处级领导干部经济责任审计的方法

## 一、加大宣传力度，强化审计意识

做好处级领导干部在职期间经济责任审计工作的重要前提，就是得到高等院校行政领导、党委的高度重视。高校领导需将审计纳入学校重要议程，定期组织审计工作会议，及时处理审计工作中出现的问题。

审计部门不但要积极向领导反映自己部门的做法、计划、工作时遇到的困难，方便赢得领导的支持，还需要分享其他高校组织领导干部任职期间的经济责任审计工作做法、经验，这样领导才能更有针对性地加以指导。审计部门最后要利用校报、校园网络、广播等形式，对经济责任审计相关政策法规、业务知识等进行宣传，在整个学校创造一个很好的经济责任审计气氛。利用宣传，让教职工知道经济责任审计的重要性、目的、内容、必要性，去除一部分人的抵触情绪、片面思想，让教职工与领导干部达成共识，自主接受审计监督，配合审计工作的展开。

## 二、建立科学规范的评价体系

依据现在的真实情况与高等院校的特征，高等院校的主管部门要制定考核、评价两个指标体系，把定性指标和定量指标结合在一起，在科学分类的前提下，明确各个性质部门的领导干部评价标准。要构建经济责任审计评价标准体系，让审计人员的审计评价有据可依，这样还可以把审计风险变低，保证经济责任审计结果的实效性。

## 三、灵活应对，提高审计成效

要合理分配审计资源，化解审计人员不足与任务繁重的矛盾，就一定要有计划地去展开审计工作，制定方案，尽可能降低临时审计、"成批量"审计、突击审计的可能。在领导干部离任、换届之前的三个月，组织部门就应该把审计通知书提交给审计部门，让审计部门有充足的时间，来收集有关审计信息与资料，以确保审计的质量。与此同时，审计部门还需要把届中审计、离任审计综合起来，完成审计监督的前移，这有助于领导干部日常经济责任考查，方便找到问题，并及时加以解决，同时还有利于贯彻落实"先审计、后离任"的原则，来处理"先任后审""先离后审"产生的审计配合难、审计结果应用落后、审计被动等情况，提高经济责任审计工作的针对性和及时性。

## 四、公开审计结果

公开审计结果有利也有弊，不但会暴露被审计领导干部和其所在单位问题，还可对审计部门审计质量进行检验。除非审计结果里的确有一些需要保密的内容、不适合公开的内容，否则还可以使用下面三种方式揭示审计结果。一是以学校文件的方式，发放给全校各所、学院、处、室等二级单位；二是用宣读会议的方式，向被审计处级领导干部的单位职员公示；三是在审计部门内部网和校园网上进行公示。通过开放对处级领导干部的经济责任审计，不但可让各个教职工第一时间清楚审计结果、审计工作情况，让经济责任审计变得更加透明，还可让大众进行监督，让经济责任审计变得更加权威。

## 五、改进审计手段与方法

目前，伴随着电算化会计的普遍使用与科技的持续发展，高等院校的审计部门应该在传统审计方法上，努力研究计算机审计的新途径，使审计手段变得更加现代化。比如，对校办企业负责人、后勤服务集团开展经济责任审计的过程中，采用先进的审计软件、计算机网络等技术，跟被审计者和其部门财务信息接口对接，实行在线审计、专用网络审计等，来确保数据的准确性、及时性。与此同时，由于审计部门得到信息的途径比较有限，取证十分难，因此审计方式一定要有突破、改进。例如，为增加高校审计线索的来源，可在学校审计的内部网站上出示随意向职工发福利、对学生随意收费等违规违纪行为举报电子邮箱、电话，使知情者可以提交有关审计线索，并做好保密。通过这种方式，审计人员可从各种线索里找到有用信息，展开取证、调查、判断、分析，可以有效提升审计质量。

## 六、加强部门协调和配合

由于高等院校的经济责任审计是内容繁杂、涉及领域广、敏感性高的工作，所以有必要建立一个由院（校）长上阵的经济责任审计小组，并和监察、审计部门、组织、纪检、人事等有关部门一起配合实施相关活动。因此，高校不但要通报、沟通审计情况，第一时间研究、处理审计里产生的问题，还要清楚不同职能部门的分工、程序、责任，形成整体力量。这样既可加强对领导干部权力的约束与监督，又可形成协调运作、优点互补的机制，提升审计的效果。

## 七、提高审计人员综合素质，降低审计风险

只有将审计人员的综合素质提升起来，才可以确保高等院校领导干部经济责任审计的成果、质量。这其中有几点需要注意：一是有规划地组织审计人员参加后续业务训练，促使其拓展知识面，最后让审计人员掌握审计业务、经济管理、财务、法律、计算机应用、工程技术等知识，成为复合型人才，来更好地适应高等院校审计工作持续发展的要求；二是要多形式、多渠道跟其他院校进行审计业务沟通，参考其方法技巧、先进经验，才可以更好地将审计风险避免、化解；三是是要进行政治理论学习，提高审计人员的责任感、使命感；四是要建立很好的职业道德，努力做到敢于碰硬、维护学校与国家的利益、爱岗敬业、忠诚履行公职；五是审计部门需要定期组织优秀审计项目评审和典型案例分析，并支持审计人员申报课题、发表论文等，提倡他们做些实践和审计理论方面的研究，来增强审计人员的业务能力；六是要制定恰当的鼓励机制，充分调动审计人员的主动性，特别是要在升迁考核、工作硬件设施、福利待遇等方面进行全力支持，以增强审计队伍的稳定性，进而充分发挥审计的作用。

# 第六章　高校专项资金审计的完善

# 第一节　高校专项资金审计概述

## 一、高校专项资金绩效审计定义

高等院校绩效审计的重要构成部分，是专项资金绩效审计。这一审计主要对高等院校某一投资项目（包括物力和人力）专项财政资金的经济性、效果性、效率性，和它对受影响人的公平性与环保性展开监督、评价、考查，并提出建议、意见，有利于专项资金的专项使用，并增强专项资金管理效果和使用效益。

## 二、高校专项资金的特点

由高等院校与有关政府部门发放的，除基本支出外的具备指定用途的项目资金，就是高等院校的专项资金。学校的科技三项费用、课程建设专项资金、重点实验室建设专项资金、修购专项资金、科研专项资金、学科建设专项资金等，都属于高校的专项资金。

和其他资金相比，专项资金具备政策性强、专款专用、来源广、及时性强、专项申报等特征。相同性质的专项资金，还可以分出很多类别。例如，根据经费的来源，可以将科研课题经费分成校级课题、省级课题、国家级课题等。相同类别的专项资金还可以分出不同的项目。例如，经济类院校实验室可分为会计实验室、金融实验室、财政实验室等。针对性质不一样的专项资金有不一样的管理方法，如纵向课题、合作科研项目、横向课题等，就算专项资金项目的性质一样，它们的经费应用明细也会有一些差别。

与此同时，专项资金有非常强的政策性，也就是说一定得根据申报批复的项目内容与范围使用专项资金，不可以支出其他项目的内容或者随便更换项目性质，也就是专项资金要专项使用；专项资金的运用还有非常强的实效性，意思就是部分项目资金，得在一定的时间里使用完，不然就会被收回。

高等院校的专项资金特点，使专项资金管理的难度提高了，进而造成了专项资金审计难度高、预算随意执行性较大、核算和管理十分繁杂等问题。通常来说，高等院校建立、管理专项资金项目过程，应该包含项目的申立、论证、审批、实行、检验等环节，同时专项资金运用效益的发挥取决于各环节的效益性、真实性、合规性、合法性。

### 三、高校专项资金绩效审计的重要性

目前，高等院校在使用、管理专项资金时，还有着诸多的问题，这让社会对专项资金的动态管理和绩效审计产生了高度重视。但现在我们国家高等院校的专项资金审计，主要内容依旧是财务收支审计，所以就只能掌握资金的合法性、真实性，很难对资金的使用效益给出评价，绩效审计非常好地补救了这个缺点。绩效审计会对运用资金的经济性、效果性、效益性展开审计，所以我们国家高等院校的专项资金审计正慢慢向着绩效审计发展。

#### （一）监督资金按政策专款专用

在高等院校教育经费里，专项资金的占比一直在增加。跟其他资金相比，高校专项资金具备专款专用的特征。想使用专项资金需严格根据申请项目的预算来进行，项目内容、项目资金数都不可以随意调整，防止和其他资金使用混杂，而对专项目标、专项资金使用效益产生影响。

#### （二）更新高校审计观念

现如今，高等院校（也就是公立的高校）是财政资助的非营利组织，人们通常觉得高等院校几乎没有财务风险或没有风险，不需要社会进行资金监控。不对高等院校资源和资金使用的效率性、效果性、经济性进行审计，仅对资产验收、物资采购询价进行审核和评估，配合有关部门开展工作。国家在《审计署 2008 年至 2012 年审计工作发展规划》中提到：明确推进效益审计，着力构建绩效审计评价及方法体系，绩效审计已成为未来的发展方向。如今大力提倡建设资源节约型和绩效管理为主的新型高校，高校绩效审计迫在眉睫，所以要紧抓绩效审计这一中心，夯实绩效管理意识，更新审计观念，充分发挥现代审计职能作用。

（三）加强预算管理、优化预算支出、提高经费使用效率

专项资金管理的重点是预算管理。现如今，在高等院校里，预算管理还有一些问题，如预算绩效评价不全面、预算执行严谨性不足、预算编制科学规范性不足、预算审批主观随意性强、预算支出结构不合理等。这些问题会让高等院校出现资源资产浪费严重、专项经费使用不规范、高风险发展和巨额贷款等情况。想避免上述问题，就得在高等院校发展中找到问题的根源，把预算管理和成本核算当作切入点来进行绩效审计，以绩效审计模式为重点，以专项资金审计、社会责任审计、财务审计、经济责任审计等协作工作。我们要预防盲目发展、铺张浪费，有目的地给出易实施、高效益的建议、意见，有利于学校进行开源节流、节俭办学，进而通过提升经费使用效率来构建节约型的学校。

（四）保障高等教育健康可持续发展的重要监督机制

在财务收支审计这个前提下，实行绩效审计。可从成本效益和成本效应两个方面考量高等院校的内部资源消耗与配置的有效性和合理性。要从根源上遏制与揭露资产闲置流失与浪费、腐败现象并存，资金利用率低等问题，防治并举，促进高等教育不断发展。

# 第二节 高校专项资金审计的完善路径

## 一、完善管理制度

第一，要完善、健全专项资金的管理体制，清楚专项资金的立项流程、申报流程，严格控制立项之后的使用、审批工作，制定严格的专项资金绩效考评原则、监督制度。总之，关于专项资金，从立项到后续的使用方面的监督，都要制定细致的管理制度。这些制度将作为审计工作的主要参考，同时对审计结果产生影响。因此，这些管理制度的制定要严格、科学，经得起多方的论证，让被审计者与审计者对管理制度都认可和满意。第二，全面建成法治社会背景下，审计部门要逐步实现内审的法制化和规范化，将内审工作人员的职业能力提高到法律化范畴，从而提升内审的权威性和专业性，最终有利于高校专项资金的科学使用。

## 二、优化审计理念、方法和手段

鉴于传统的审计方法和审计手段已经无法满足信息化时代审计工作的需要，所以对审计理念和方法进行优化完善。

### （一）在审计理念上，从批判型审计到建设服务型审计

以往的内部审计主要是从监督者的角度，发现问题，提出建议，要求按照规章制度进行整改。但是在学校快速发展的新形势下，对于新事物、新问题如何解决，尚没有规章制度可以遵守，也没有经验可以遵循。内部审计人员必须要发挥确认、咨询者的作用，和学校其他部门（财务处、科技处、规划处等）一起，商讨出可行的解决办法，提出切实可行的审计建议。

### （二）在审计标准上，从严格按照条条框框到创新思维、创新做法

审计人员既不能以新出台的规章制度去衡量以前的老问题，也不能生搬硬套或机械地使用不符合改革发展要求的旧制度旧规定来衡量当前的创新事项。比如，设备预付款的方式是专项经费使用中出现的新情况，在保证资金安全的前提下，对加快专项资金的使用、提高资金使用效率有益，把握好新尺度，转变思想观念，转换思维方式，才能更好地促进学校的发展。

### （三）在审计内容上，注重对资金效益及资金筹集、分配、使用、管理各环节的审计

一是从财务收支审计到绩效审计。以往的专项资金审计调查，主要是对专项经费使用的合法性、合规性和合理性以及财务收支信息的真实性和完整性进行检查。新形势下则不仅仅要审查资金使用的合理、合规、真实、有效，更要着重于资金的使用效果、效率以及效益。

二是从注重对资金使用的审计转变为对资金筹集、分配、使用、管理各环节的审计。由于高校有权对专项资金的使用自主分配，所以审计要重点关注资金筹集是否到位、分配是否合理、管理是否规范，使用、管理中有没有损失浪费情况、违法违规问题。

（四）在审计对象上，从主要对经费使用者和财务部门的审计到对参与经费分配、管理、使用的各个管理和服务部门的审计

专项经费能够高效、合理地使用，项目能够顺利实施，离不开各部门的配合，因此，审计的对象也应扩大到参与经费分配、管理、使用的各个部门。其中要避免项目申报人、学院、发展规划处、实验室与设备管理处、招标中心、财务处责任不清、互相推诿的情况。

（五）在审计业务类型上，使专项审计调查与内部控制审计、政策跟踪审计相结合

一是内部控制审计。专项经费内部控制是指为实现项目管理控制目标，通过制定制度、采取措施和执行程序，对项目管理经济活动的风险进行防范和管控。

二是政策跟踪审计。政策跟踪审计不但要审计相关的项目和资金，而且更要审计政策配套措施的制定和执行情况，重点是审计配套政策措施制定的依据、执行的合规性和效果等。

（六）在审计技术方法上，从依靠财务数据到依靠大数据审计，从阶段性审计到持续审计

传统审计主要依赖财务资料，而新形势下审计的范围将会进一步扩大，审计人员面对的不单是财务报表数据，而是内容极其丰富、宽泛的信息系统，即大数据。审计人员不需要在被审计单位工作，也不用固定工作时间。只需一台计算机和一个网络环境，便可进行工作，就专项审计来说，通过对信息的获取与审查，在时间和空间维度上，审计人员将传统财务审计的财务信息范围拓展到多元化、实时、存续的经济鉴证范畴。

（七）在审计组织方式上，采取内部审计与社会审计相结合的方式

内部审计和社会审计相结合的方式有利于审计质量的提高。由于专项审计自身的特点，要求审计人员熟悉了解多方面的知识，对审计人员素质要求较高。对高校而言，社会审计中介机构大多拥有业务精湛、经验丰富的专业队伍和各类专门人才，所以内部审计外包不仅充分利用了社会审计资源，还可有效弥补高校审计人才的短缺，最大程度优化资源配置。

### 三、科学定位内审职能

内审的独立性和权威性不足会影响内审的职能，所以要清楚内部审计的作用、科学定位内部审计，提高有关部门对内部审计的重视。对内部审计职能进行科学定位，要发掘内审的主要优势。第一，与外部审计相比，内部审计人员对单位经济活动进行了解，也就是对专项资金的设立和使用进行熟悉，便于及时发现问题并且拟定解决问题的有效方法。第二，内审可以灵活调整审计时间，同时可以在项目进行过程中审计，也可以在项目完成之后审计，因为内审时与本单位各个部门沟通都非常方便。这样就会避免审计工作影响专项资金的正常使用，可以兼顾审计工作和资金的正常流转。第三，内审工作可以充分发挥多重审计作用，从而提高审计工作的准确性和科学性。多重内审能够从多角度来发现问题，然后给出合理化的建议和意见，而这将可以促进高等院校专项资金管理制度的完善，进而促使内审更好地展开。因此，审计工作要明确审计的职能，切实贯彻和落实审计的事前控制作用、事中监督功能和事后审作用。

### 四、充分发挥内审预防功能

高校专项资金内审工作要重视审计专项存在的潜在风险。通常情况下，高校专项资金主要用于科学研究，所造成的经济损失风险较低。然而，资金支出信息失真和违反预算开支等，会对资金的专项使用产生影响，致使专项研究资金匮乏。因此，审计工作人员要围绕审计项目的特征，防范潜藏的问题、风险，之后在审计工作里掌握好工作重点。除此之外，引导性的审计让专项资金审计的入手点，由财务总账层面转向了全球层面与宏观层面。通过分析跟风险有关的活动以展开审计，可根据优先级，明确专项资金支出的具体审计内容。使用、管理专项资金的风险，主要体现于预算编制、支出标准、项目申报、支出范围与内容等方面。内部审计人员需要更重视这些方面。

### 五、强化专项资金全过程监督意识

内部审计要真正为学校服务，承担监督和评价学校内部经济活动的责任，在预防风险、规范学校管理方面取得相应的成就。这就需要内部审计人员掌握学校的经济运行情况，熟知经济改革政策、国家法律法规。所以，内审人员要踊跃参加学校的专项立项申报，增强专项资金监督意识。而且，学校各个部门的管理者也需要邀请内部审计人员参加学校的专项立项申报。唯有多去认识学校专项活动的详细情况，了解专项的总体流程，内审人员才有更多的发言机会，才可以更加公正客观地评价，找到专项资金管理、使用中的问题，给出更好的措施，更好地管理专项资金以为学校提供服务，呈现专项资金最大的使用效益。

## 六、加强协同创新，构建大数据高校专项资金审计平台

在大数据融合背景下，搭建大数据审计平台是大势所趋，也是将审计完整化的重要途径、方法。传统的审计范围、技术、报告方式、模式等都在很大程度上受到了大数据的影响。而且，怎样运用大数据思维模式，对审计路径、模式进行改革已经成为各个学校专项资金审计工作中的关键。

### （一）建立大数据审计平台主要四个部分内容

大数据审计平台的构建，需要审计学、大数据科学、计算机科学等多种理论、实践、知识。这里面，大数据平台的数据分析、可视化、采集、预处理显然是主要部分。

（1）分析平台。这个平台主要对庞大的审计数据进行运算和挖掘。

（2）可视化平台。这个平台要使用计算机图像、图形处理等技术方法，采用 Geo Commons、TimeFlow、Processing、Springy 等可视工具，完成由文本到图像的展现。

（3）数据采集平台。大数据采集平台的构建主要有接入、传输这两种模式：采用 mysql、postgresql 等海量数据实行数据传输，完成数据互动；处理数据缓冲问题的主要是接入模式。现如今，Flume、Splunk、Fluented 等十分成熟的建模平台都可以给学校提供数据接入和数据采集服务。

（4）预处理平台。这个平台要对数据进行装载、转换、抽取、存储等。网络存储等现有的存储技术，都逐步完成了针对存储特性的优化、存储层内优化、系统弹性拓展，给各大学校之间的合作、大型专项资金平台的建设提供了技术支持。

### （二）促进审计工作实现数字化

要促使审计工作充分实现数字化，就必须充分意识到高等院校的专项资金审计里，协同创新与大数据技术的作用与意义。一部分高等院校审计人员的意识思想还没有完成由传统到电子数据模式的变化，这不光影响了大数据背景下高等院校审计工作模式、方式的改革，还减慢了高等院校间的合作发展。

高等院校间的沟通，不管是知识共享，还是数据资源共享，都需要海量数据库与信息技术做载体。

在技术层面，在数字化审计工作刚开始的时候，审计人员应准确意识到会面临的各种难题、挑战。因为一些数据丢失、一些数据的质量很低等情况，是数字化审计里不可避免的问题，所以审计误差是真实存在的情况，唯有将误差掌控在合理的范畴之内，才能避免使其扩大成审计风险。在人才配给方面，一部分高等院校的专项资金审计人员不具备完整的数字化审计专业知识。一方面，一些审计人员适应了传统的审计模式，就很难再去习惯新的审计模式。但高等院校的内审人员需要完成建议、报告、评估、审查，提高风险管理过程的有效性、适宜性，帮助审计委员会和管理层，担起监督和风险管理的责任。数字化审计工作是未来审计的趋势，高校专项资金审计人员也应适当运用现代化电子信息技术，促进高校发展。另一方面，数字化审计工作在大数据背景下跟信息技术、计算机科学等方面的知识有关，需要审计人员自己去学习。

# 第七章　高校内部审计工作的信息化建设

# 第一节　高校内部审计信息化的相关概念与理论

## 一、高校审计信息化的含义

审计信息化指的是运用新型的信息化会计方式对内控制度、报表、电子凭证以及账簿进行审查，主要内容包括：审计应用信息化系统，审计数据的有效性、合法性和真实性，审计会计信息化制度等。而审计信息化对审计的多个方面有重要作用，如审计汇总分析、审计取证、审计项目安排等。推行审计信息化不仅能大大削减审计工作的总量，还能在一定程度上节约审计成本和时间。

高校审计信息化指的是普通高校通过大量真实准确的电子数据建立一套高校内部审计数据系统。通过这个系统高校能加强对各种数据的整合能力，同时加强校内外各部门之间的信息交流和共享。高校内部的审计部门可以通过网络和计算机这种现代化的信息技术方法对各个项目进行审计、管理以及评价，同时可以对其他内容进行评价。随着高校信息化建设的发展，高校内部审计工作越来越重要，且其在内部控制系统和高校管理系统中的重要程度也越来越高。高校内部审计组成了高校内部的控制体系，而其可分为三个层次：①操作层次的内部控制。它也包含双层控制，首先它可以对实际操作人员的业务水平进行内部控制，预防出现操作风险；其次它可以监察操作人员，对高校管理人员的水平进行内部控制，确保一级控制发挥作用。②具体管理和操作独立的内部审计。高校的审计委员会全权管理内部审计部门的一切事务。要对管理部门在内部控制中有否发挥足够作用等做出评价，要对审计过程中的具体操作进行评价。为了减少第一层内部控制没有发挥作用带来的风险，要对此问题提出卓有成效的审计建议，达成高校的总体目标。③外部审计与监督。外部监督和审计通过相关活动增强对高校的内部控制，如评价、检查、立法等。

## 二、信息理论

通讯理论是信息理论的根源。根据信息系统和信息的特点以及双方的运动规律建造高效率的信息系统，益于相对客观地判断信息是否可靠和有效。控制理论的最终目的是控制系统的外显行为，如果将外显行为与信息的三方面（处理、传输和获取）紧密结合，最后可以总结为一个可以反馈控制的模型。信息理论的发展经过四个阶段：第一阶段是信息这个概念出现的阶段。1922 年，信息概念获得认同。第二阶段是激活信息技术的阶段。1938 年有学者发表文章称信息指的不是内容本身，而是一种代码、符号。第三阶段是信息论诞生。1948 年 C. 香农（美国著名的数学家，工程师）抛开单独解释信息的含义，独辟蹊径，将收发信息视作整体通讯过程创造出的一种通信系统模型。第四阶段是信息理论发展延伸阶段。

## 三、控制理论

控制理论认为：控制就是依据反馈的内容进行的一些有特殊意义的、有目的性的活动；反馈指的是系统由输出转变成输入的过程。它是关于系统通信和控制的知识，当前最典型的系统包括机器系统和生物系统。为了寻找各种不同类型的控制系统之间存在的规律，人们查阅大量资料探索控制思想的起源，最后发现它最早出现在古希腊时代。但是，直到 20 世纪 20 年代到 40 年代才出现这一学科。1948 年，N. 维纳（N.Wiener）①（美国著名数学家）出版《控制论》，就控制论给出了科学定义，即研究控制和通信规律的科学，它与掌舵术有着类似的含义。通过控制理论可以找寻出一些大类系统（如生物及人工系统②）中存在的共同规律，创造出控制理论系统模型和输出输入反馈控制模型。

---

① N. 维纳（N.Wiener），美国数学家，美国科学院院士，控制论的创始人。
② 人工系统是指人类加工改造的自然系统或人类创造出的新系统。它促进劳动创造者的功能与自然系统的功能相互融合、相互渗透，构成一个新的运转合理的系统，具体根据人类改造的程度可分为纯人工系统和自然人工系统。

# 第二节　信息化对高校传统内部审计的影响及发展趋势

## 一、高校内部审计工作信息化建设的必要性

### （一）符合内部审计工作发展需求

时代的发展是持续的、不可逆转的，但在时代发展过程中，人们改变自己的日常生活可能引起传统行为方式的变化。通俗地讲，如果社会交流方式发生变化，传统的行为方式也会发生变化，而且改变的结果和方向也与人们的整体追求相契合。审计工作既然能够在其他领域中实现信息化建设，就表示审计工作在高校环境内也有实现信息化的真实价值。目前高校内部的审计工作应用最多的是会计电算化，而这种方式最根本的目标是提高计算效率。随着时代发展，人们对审计工作有了更高的要求，此种情况下必须推行审计工作信息化建设，而通过这种方式不但能提高内部审计的真实工作效率，还能更好地监察高校的经济项目，确保其稳定，使高校内部的审计工作适应时代的发展需求。

### （二）信息化建设也可以督促专业人员升级专业技能

目前在职的审计人员多数是高校内部的人才，工作条件极其稳定，所以提升自我能力的积极性不足。这也直接导致高校内部审计工作效率较差。根据以往经验，如果高校内部现在开展的审计工作与以往的审计工作区别不大，审计人员即使不提升自我技能也能很好地完成，但高校一旦完成了审计工作的信息化建设，必然会改变审计方式，而传统的方式则会面临较大的改变。而且，如果高校一直敦促审计人员使用新型的信息化技术，他们只能努力学习新型的操作模式。非但这样，与新型的操作模式相对应的肯定是最新形势的审计规则，所以他们必然需要学习新的审计规则，而为了保证以后审计工作能不间断地、平稳的开展，审计人员只能快速掌握信息化设备的操作方式，从而积极主动地提升自己在审计方面的综合能力。所以我们认为，在高校环境内建立内部审计系统对提高审计人员的专业能力和工作效率有显著作用。

### （三）信息化审计模式可降低危险属性

开展内部审计工作的最终目的是减少风险，但是在传统的审计模式中，审计人员只能凭借个人对数据的剖析以及自身的经验来判断是否有风险。根据以往经验看，一名审计人员即使经验十分丰富也会在信息解析时出现一定的意识偏差。但是如果审计人员运用信息化操作模式处理工作，则会大大提升数据的准确度，如输入和输出工作和分析相对简单的信息等。所以我们笃信，在高校内部应用审计信息化工作模式不但能减少风险的发生概率，还能有效减少低级错误。

## 二、信息化对高校传统内部审计的影响

### （一）信息化对审计线索的影响

审计最重要的就是查找审计线索，进而据此搜集审计证据对经济业务进行审核。审计过程的本质其实就是对审计证据的收集、判断、综合使用的过程。在手工数据处理系统中，有大量显现在表面的审计线索。比如，无数的汇总表、明细账、总账、记账凭证、原始凭证等都可以充当审计线索。审计人员对经济业务的追查可以从最基础的原始凭证开始，一直跟进，到汇总报表结束，反过来可从最终的报表开始，寻根溯源，一直追溯到原始凭证，这是两种审计方法，即顺查和逆查。想要审计这种手工数据处理系统，就可以从这些显而易见的审计线索开始。但是在电子数据处理系统中，就不会出现任何的文字记录、传统的账簿和凭证，能搜集的只是包含所有数据资料的光盘、磁盘等，这类介质存储的内容和信息不能靠人直接获取，可以用较为先进的机器进行读取。而且如果采用信息化审计系统，你只需要将原始的数据输入计算机，就可以直接获得最终的报表的输出，中间所有的分析、处理信息的步骤都是计算机自行完成，更加用不到传统的审计线索，传统的方法会逐渐被舍弃、消失。所以，存储审计线索的方式改变推动了审计方式的改变。

### （二）信息化对审计标准和准则的影响

各个国家的审计界根据过往的审计工作已经规定了一连串的审计准则和标准，如经济效益审计准则、财务审计标准、审计效果衡量标准、职业道德规范、审计报告标准、现场审计标准、审计人员标准等。但随

着会计电算化的广泛使用，审计对象会发生巨大改变，相应的审计手段、审计方法和审计线索也会随之变化，那么原来的审计准则和标准也就不完全适合了。但是符合新情况的新型的审计准则和标准制定得还不够完善，需要时间建立，如审计应用软件标准、电算化管理信息系统内部控制审计准则和开发审计准则、电算化审计人员培训考核标准等

### （三）信息化对审计人员的影响

随着计算机的广泛应用，其对审计的各个方面都产生了一定的影响，导致审计人员总会遇到新的问题。审计线索发生变化，导致审计人员不能定向追溯；内控制度发生变化，而审计人员不了解电算系统的特点导致无法审查和识别内控制度；审计技术发生改变导致审计人员不能使用原来的审计方法开展审计工作。因此，信息化审计要求审计工作人员必须具有三种素质：①能熟练操作计算机，了解相关的应用技能和知识。计算机作为电算化审计最重要的审查对象和辅助工具，对它的了解程度和熟练程度直接影响最后的审计结果以及审计的工作效率，对能否充分发挥审计职能有重要作用。②扩大知识面，补充业务知识，提升自身的审计水平。随着计算机的广泛应用，审计技术也在逐步升级，对加快工作效率有极大帮助，所以审计工作不能只限制在原有的项目中，一定要扩大到其他项目，使审计工作发挥更大的作用。相应地，这对于审计人员提出了更高的要求，审计人员只有掌握更多的知识面，了解更多的审计业务，才能把审计工作做得更出色。③掌握一定的现代信息管理技术和处理方法。

### （四）信息化对审计方法的影响

传统的内部审计主要涉及账实核对、账证核对和账账核对等，但在新型的会计电算化系统中，这些工作毫无意义，因为在系统中所有需要记录的会计报表、记账凭证、原始凭证都会存在同一个数据库中，核对时只需要用不同的方式输出就可以，至于这些会计信息是否准确，大多取决于计算机的系统功能是否正常运转。现在进行内部审计工作通常要引进新型的网络计算设备和网络审计软件系统，而这种计算设备大多使用计算机工作，配合着相应的软件系统，大大降低了审计工作的难度，内部的审计人员可以直接通过审计的端口软件获取项目的原始数据；会

逐渐形成一种新型的审计方法，即利用审计软件直接进行数据处理和分析、调查异常项目、抽取样本等；还可以利用信息网络实现远程审查、电子函证、实时监控等。总而言之，当前知识经济时代的内部审计方法打破了传统的内部审计方法的束缚，迈出了一大步。

## 三、高校内部审计信息化建设发展趋势

近几年，我国高校内部的审计工作在多个方面取得了不小的成绩，如组织、方法、技术、内容、制度等，并对其他相关方面起到了积极的促进作用，如促进党风廉政建设、提高经济效益、完善财务制度、严肃财经法纪等。随着高校改革的不断深入，所有高校内部的审计工作者最值得思考的一个问题是将来的审计工作何去何从。审计工作者必须高瞻远瞩，针对审计工作做出大胆的推测，更能发挥审计的作用。所以，在当前形势下，推动高校审计信息化发展必须掌握以下几种趋势：

（一）内部审计机构设置的转变：向高层次发展，独立性增强

独立性是内部审计最重要的特性，是它的灵魂，最突出表现在内部审计机构的设立上。独立性要求内审机构无论是经费、工作还是人员方面都要独立，不能和被审计单位有任何的牵扯。单独行使审计的权利，不受到其他任何职能部门或者被审计单位的干预，也不被某个人干预，才能体现审计的有效性、公正性、客观性。一旦内审机构与其他部门合并或者隶属于其他部门，就会导致审计部门丧失应有的独立性。审计部门的独立性也体现在审计部门的领导体制上，即只有负责审计的领导才能插手审计工作。内审机构的权威性和地位与审计主管领导的级别有重要关系。通俗地讲，如果内审机构主管领导的级别足够高，那么审计机构就会越独立，审计业务也更能有效地开展。学校的最高行政领导人是校长，他还是学校的法人代表，因此如果他担任内审机构的主管领导，那内审机构绝对可以保证自身的独立性，为内审工作打下坚实的基础，内审工作一定能更顺利地开展。作者认为，将来我国在高校内部设立审计机构的走向必然会是设立拥有绝对独立性的内部审计机构，成立高校审计委员会，直接对校长负责，且向校长汇报工作。

**（二）内部审计职能的转变：由监督型向管理型发展**

随着高校信息化建设的逐步加深，对审计职能的要求也在变化，急切地要求审计职能由基本的财政监督转向内部的管理服务。现代审计的目标最主要的是查错揭弊，此外还需要根据管理审计和经营审计等方式思考未来可能出现的问题，提出需要修整的地方以及预防将来出现问题的措施。审计内容也从纯粹的查验财务收支的合规性和合法性转变为了着重查验会计资料的效益性和真实性，重视审计评价职能发挥的作用。转变审计职能的过程中，不但要开展传统的修缮与建设工程项目审计、决算审计和预算执行、财务收支审计等，还要陆续开展内部审计工作，如绩效审计、管理审计、基础风险审计、控制审计等，促使审计职能从"监督型"向"服务型"转变。转变后审计的核心是降低风险。完善管理、提升效益，有利于为学校提供多层次、多方位的优秀服务。

**（三）内部审计业务领域的转变：单一型向多元型发展**

传统的内部审计大多是针对财务方面的审计，主要审计内容为高校财务收支活动的真实性和合法性，但审计内容单一，作用较小。我国在新时代实施科教兴国的战略，高校的经济活动持续增长，如校办企业、基本建设、投资、融资、科研等。随着形势的发展，对内部审计工作的要求也相应提高，审计业务必须跳出传统的财务审计，除了查错防弊之外，还要扩大业务范围，追求多元化发展。要积极推行干部经济责任审计、科研经费审签、基建工程审计等，进行内部控制审计和经济效益审计，主要审计内容是评价和审核各级领导干部经济责任制的落实情况，剖析各种资金和资源的产出和投入的对比关系以及所得和所费的对比关系，高校财务收支活动的有效性和合理性。至于涉及内部控制和关键问题的羸弱环节，只能协助各个相关单位进行妥善管理和改善，提高高校的经济效益和办学效益，维持高校稳定、发展、改革的大局。

**（四）内部审计技术的转变：由传统型向智能型发展**

当前社会正逐步迈入信息化时代，网络和计算机技术应用越来越广泛。特别重要的一点是，使用办公信息系统和电算化会计信息系统的人越来越多，相应运用办公自动化软件、工程预决算软件和会计电算化软件的人飞速增加，而且经济业务信息和会计数据，管理信息的处理程序、存取方式、记录介质等在不断发生变化，因此在当前网络和计算机技术环境下的内部控制与传统的手工处理系统的内部控制截然不同。这对于传统的审计方法是一个相当严峻的挑战，促使内部审计的传统手工审计方式转变成了以计算机为辅助工具的审计方式。所以，运用下列三种方法实现高校内部审计是较为长远的目标。

1. 网络审计

网络审计指的是将审计学的理论知识与现代技术结合起来的一种审计方式，如现代通信技术、网络技术、计算机技术等，是计算机审计系统发展到高级阶段的产物。它有两方面的含义：

一方面从审计对象分析，所谓网络审计指的是针对被审计单位的相关网络活动以及能反应相应活动的会计信息进行的审计工作，网络活动包括在网络中进行的各种经济活动，如电子金融、电子商务等。它也包含两方面内容：一方面是审计信息系统，即对被审计单位的网络会计信息系统本身以及开发过程中的有效性、可靠性、合规性进行审计；另一方面是对被审计单位的信息系统的结果以及运行过程进行审计，即审计网络中被审计单位的会计信息是否合法和真实。

另一方面从审计手段分析，网络审计指的是审计人员借助现有的通信技术和计算机网络进行的审计。在整个网络审计过程中，审计人员需要软件和硬件两方面的网络技术支持。硬件支持指计算机网络系统，要求它可以实现审计信息网络化和审计工作规范化。软件支持指通用审计软件、处理和分析数据的数据库软件、计算机审计网络管理软件等。

2. 审计决策支持系统

审计决策是审计过程中不可或缺的部分，它在整个审计过程中都起到，关键作用，甚至可以特别解释成，审计的过程就是审计人员一直作判断的过程。决策支持系统是一种交互式人机系统，它是用模型和数据去处理半结构化或非结构化问题的。通俗地讲，在做出审计决策前，必须确定审计决策的目标，并且清楚的描述出需要审计的问题。审计和会计是不同的，审计不但要面临结构化的问题，还会面临非结构化和半结构化问题，且这种情况相对更多。审计决策支持系统就是一种使用计算机辅助的决策支持系统，它的特征就是支持对半结构化问题做出审计决策，它是由对话管理系统、审计模型库和审计数据库三部分组成的。

3. 审计专家系统

审计专家系统属于一种计算机辅助审计系统，是使用计算机辅助审计更高级的表现方式，它主要依靠的是保存在计算机内部的审计专家的经验和知识，再综合审计人员搜集的事实、数据以及审计信息，模拟审计专家的思维方式进行判断和推测，针对审计人员提出的问题给出专家水平的回答，替代审计人员完成部分审计或全部审计任务。

审计专家系统属于智能化的审计决策支持系统，符合信息化发展对内部审计的要求。

**（五）内部审计人员综合素质的转变：由专业型向复合型发展**

内部审计在技术方法、业务领域、主要职能等方面都发生了变化，所以审计工作要求内审人员需要具备更高水准的综合素质。因此，内审人员必须改变自身综合素质发展方向，从专业型转向复合型。复合型指的是内部审计人员不但要熟练掌握财务审计相关的专业知识，还要扩展自己的知识面，了解更多学科知识，如计算机、法律法规、经济学等。现代高校必须提高自己内部审计队伍的素质和水平，向更加专业的"四师"人员组成的高水平的、高素质的队伍转变，"四师"指的是律师、工程师、经济师、审计师（会计师）四个方面。因此，审计人员首先要做的就是参与职业道德教育，提升自身的道德修养。审计人员必须保证遵守党的政策、方针、路线，熟练掌握国家相关的规章制度和财政法纪，公事公办，大公无私，才能确保对高校的管理活动和财务收支进行专业的审计，并给出最为公正、客观的评价，保证学校领导在做出管理决策时有完整的证据支持。其次必须加紧业务学习，提升自身水平。审计工作本身就是一项业务性、政策性极强的工作，它需要审计人员掌握专业的、多方面的技能和知识。所以，内审人员不但要在审计专业和会计专业方面有极高的知识水平，还必须拥有足够的实践经验，精通审计、会计的基本方法和基本技能。同时，审计人员要深入了解、学习、掌握更多的其余学科知识，如工程技术、计算机信息系统、法律、管理、统计、税务等，掌握相对先进的审计方法和审计工具，如内部控制审计法、办公自动化软件、审计软件等，更重要的一点是在实际的审计工作中要不断地应用这些新方法和工具，利于提升自身业务水准。最后也是最重要的就是提升自身能力，便于自己使用新技术以及随时补充新知识。总而言之，内审人员必须不断地学习新的技术和知识，持续转变知识结构，娴熟地使用新型的审计技术，确保自己一直符合内审工作的需要。

# 第三节　大数据下高校内部审计信息化建设策略

## 一、构建高校内部审计信息化平台，完善平台应用对策

### （一）构建高校内部审计信息化平台

要想搭建高校内部审计信息化平台，必须在高校的内部建立信息化平台的应用框架。从上海大学自主搭建的审计信息化平台来看，它的设计思路是把审计的内部控制当作切入点，依托于新引进的 SAP 系统，通过 SAP 系统自带的强大功能模块，如 SAP Portal 工具、SAP BW 数据库、SAP BO 智能工具，搭建平台的核心模块，构成对应的信息门户和业务系统，再以稳定的应用环境做支撑，如保障模块平稳运行的系统、支撑平台合理应用的系统、必要的系统软件和广泛的 IT 基础等，保证平台的完美运行。以下将结合上海大学搭建的审计平台，详细分析如何建立高校内部的审计系统。

（1）信息门户——是访问所有审计信息的入口。信息是第一位的，每个审计人员进入平台后，都会看到一个通过 Portal 工具搭建的集成界面，对应显示使用平台的每个对象。门户界面依次排列许多功能模块，如我的工作台、要办的工作、项目管理、审计日记、文档管理、用户管理以及系统设置等，通过门户界面的模块，审计人员能够快速使用对应功能，而且审计人员可以根据个人习惯和需求对界面进行自定义设置。

（2）审计管理系统——是实现审计流程实时监控的基础。管理系统是为了使审计部门人员进行日常办公成立的功能模块，通过作业流技术搭建而成。在上海大学审计平台中，该模块主要在经济责任审计中体现，

主要包括：审计处项目计划、已完成的工作、项目状态跟踪、新建工作底稿、流程监控、工作日记、审计台账查询和项目归档八个子模块。审计处项目计划子模块不仅能将当前各个审计人员负责的审计项目一一列举出来，方便管理，还能创建新的项目。档案可以提供大量实际经验，更利于审计人员积累经验，所以在开始新的审计项目时，必须选择"文档库选择"，选择之后，在审计过程中所用到的所有相关法律法规、最终的审计报告等，都会在审计项目完成之后存入对应文档库，方便审计人员在将来进行查询和跟踪。在新的审计项目完成之后，系统会自动执行预先设定的程序，将已完成项目入库，而新的待办工作呈现在首页上，提醒审计人员接下来要做的审计工作。项目状态的跟踪模块可以使审计人员清楚自己各项审计任务进行到了那个环节，接下来应该制订怎样的计划，以实现对整个流程的掌控。审计台账查询子模块更是能够让审计人员根据个人需求对台账或具体的项目进行查询，如年度、被审计单位、审计人员等。

　　（3）数据式审计系统和数据仓库系统——是实现新型审计的捷径。这两个系统都应用数据仓库技术，共同搭建了审计平台中的数据式审计模块，此模块能够对被审计对象提供的各种业务数据进行智能化采集，再经过科学的处理以及再加工，使审计人员过滤大部分无用的信息，快速且精准地找到新的审计疑点，施行审计方法。主要包括：我的投资组合、业务查询、审计预警、审计方法、元数据查询、数据分析六个子模块。业务查询子模块是审计实施阶段的重心，系统将此模块划分为六部分，包括经费卡项目查询（A卡）、经费卡项目查询（非A卡）、预决算对照查询、经费增长率（A卡）、经费增长率（非A卡）和债券债务查询。要对具体项目卡进行查询时，先要在查询界面设置查询变量，＊号标识内容必须准确，包括年份和卡号，以得到对应的结果。应用这个模块查询的内容跟查询会计数据不太一样，它不仅能查询会计数据，而且会结合给出的数据进行分析，甚至设置专门指标"经费增长率"进行查询，会减少审计人员的时间，更便于评价被审计对象。在审计预警子模块中，审计人员可以在界面针对大额现金及重点项目设定对应的限值，如果超出会直接提醒，达到预警的目的。

　　（4）审计支持系统——是深化审计工作的依据。当前，应用信息化平台开展审计业务的流程缺少规范标准和参考文件，同时对审计人员经过实践积累的经验和方法没有进行系统的总结和归纳，而审计完成后对于审计过程产生的所有数据未进行归档，导致审计工作的推进和深入展开缺少可靠依据。上海大学的审计平台通过增加审计支持系统，完美解决了上述问题。审计支持系统是为审计作业和管理提供被审计数据搜索、审计项目信息查询、审计经验借鉴和引用、审计依据找寻以及与审计有关需要支撑的基础数据库建设的应用系统，具体分为：审计文书、审计档案、被审计单位数据库、经验库、法规库、编辑经验方法、2009 年经审经验、学习论坛。此系统可以积累审计人员总结的经验方法，避免审计工作"走弯路"，同时保证审计工作有法可依、有迹可循，节约时间。

（5）平台各模块相互衔接。平台内的各个模块不仅独立运转还相互保持联系，审计人员可以在信息门户中寻找对应的功能模块进行操作，方便快捷。审计管理系统与数据式审计模块从设计角度看是分离的，审计人员处理不同业务时，管理系统能提供最大程度的方便，如对审计业务的流程进行监控、管理作业和绩效评定等，审计管理系统管理着每项审计业务的全部过程，需要分析数据并调用数据仓库，对审计人员提高效率有很大帮助。与此同时，生成的审计底稿，可以将两种模块很好地结合起来，数据模块提供的数据和信息支撑审计管理系统做出审计评价，更进一步支持审计报告得出最终结论。审计过程中积累的经验和方法，运用的法律法规最后都会归档于审计支持系统，为审计人员的未来审计做参考。此外，成熟的运行保障系统、IT 基础应用、支撑系统和系统软件等应用环境也是平台能够良好运行的坚实基础。

**（二）高校内部审计信息化平台的应用对策**

1.着眼数据价值，建立电子数据中心

获取真实完整的数据是审计信息化的基础，高校要想破解数据整合度低、采集不顺畅、数据质量较低等问题，较安全高效的方式是由信息化管理部门牵头建立电子数据中心。电子数据中心是集财务、资产、人事、科研、采购等各项业务数据为一体的信息交互平台，各业务归口部门按要求定期报送数据，进行转换、清洗等预处理后备份存储，逐步将合同、制度、会议纪要、技术文档、工作总结等重要非结构化数据纳入中心管理，实现多系统信息整合。审计部门在信息化部门指导下定期从数据中心取数，确保数据安全且符合保密规定，信息化部门也应对审计数据运行环境定期监测。电子数据中心将成为建设智慧校园的重要成果，为充分挖掘数据价值奠定基础。

2. 着眼审计职能，提升数据分析能力

大数据背景下，理论上可用信息多了，实际上却是审计线索更隐蔽了，内部审计要想实现从单纯差错纠弊向防范风险、完善治理转变，就必须将提升数据分析能力作为重中之重。一是系统整合数据分析工具，包括趋势分析、结构分析、穿透查询等，增强操作便捷度；针对业务特点建立分析指标体系，辅助确定审计重点，锁定疑点问题，提高核实效率；加强经验总结和分析模型积累，将常用查询语句模块化，预留可编写条件的接口，实现数据库之间的综合比对和关联分析，揭示隐蔽性、倾向性问题，起到风险提示作用。二是审计人员更新转变思维，适应计算机全量处理的能力，建立由整体推至部分再回归整体的系统化审计思维，通过不断学习提高数据库分析技术与审计事项相结合的能力，向复合型人才发展。

3. 着眼发展阶段，合理推动信息化应用

审计信息化建设并非一蹴而就，尤其初期投入成本高，内容积累少，成果见效慢，其应用必然要经历一段磨合期，高校应根据自身发展阶段，寻求合适的审计信息化路径。一是加强基础环境建设，完善电子数据和信息系统管理制度，明确电子数据的效力和使用规范，为不同类别人员制定详细的平台操作手册，为平台应用提供保障。二是改变审计信息化是审计人员"自娱自乐"的困境，根据学校当前信息化程度，将平台与学校 OA 系统对接，畅通信息传输渠道，从常态化开展的审计类型入手，推动审计人员和被审计单位通过平台完成资料提交、审计实施、报告生成、整改跟踪等全过程，个别关键点辅助线下程序，通过应用积累基础信息，调整优化平台设计。在此基础上向学校领导开放审计结果综合查询分析功能，将审计信息化平台建设为审计部门与学校领导、二级单位的联动桥梁。

## 二、数据式审计模式、全覆盖技术与方法

### （一）数据采集

审计工作中，所采集财务数据最为敏感，要在保证财务数据安全、保密的前提下，同时保证财务信息系统以及其中的数据不受到任何损害。基于以上条件，建议高校单独置备一套审计系统，用于数据式审计，同时为保证系统内数据信息的安全，必须对所有的数据信息进行加密，加固防火墙，设置访问权限，除相应审计人员外，其他人不能运用和查看数据信息，力保系统内的数据信息不被偷看和盗用。还能在信网中心进行托管，实现审计服务系统的双重保护。为减少对财务信息系统的影响，采集数据过程中，可以以年为单位，每年年底将数据库中存储的财务信息拷贝到审计服务系统中。复制完全部数据之后，要借助审计系统，对每个项目按照审计范围和时间分类，采集其中的财务数据，并将采集的数据纳入数据库。通过这样的方式，既可以将高校每年的财务数据内容依次存档，还可以在调用时在通用信息系统的一个界面上显示。

### （二）数据转换

高校审计数据库中含有大量的初始数据，要将数据内容对照财务数据的字典，同时考虑审计项目的要求，运用 SQL 语言 [①] 对数据的信息进行格式转化，并重新构造它中间部分字段，以形成具有审计特征的审计中间表。比如，项目科目汇总表存储着很多的信息，有审计项目的编号、项目名称、借贷方、审计部门的编号、经济分类科目编号等，通过 SQL 语言可以将这些内容重新组合和构建。利用这种方式，不但可以有效整理审计系统中存在的初始数据，还能将其转换成拥有审计特征的可以被审计人员运用的语言，对审计人员更好地开展工作，完成高校内部审计有很大帮助。

### （三）数据分析

高校审计工作需要处理大量的数据，具体在分析时可以先利用基础的运算符将对应的数据字段运算一次，再基于获得的中间表进行二次整理、联系，在不违背逻辑性的条件下，形成可以进行数据分析的标准化

---

[①] 结构化查询语言 (Structured Query Language) 简称 SQL，结构化查询语言是一种数据库查询和程序设计语言，用于存取数据以及查询、更新和管理关系数据库系统

模型。但是，将这种模型使用在审计工作中时，对审计人员的素质要求比较高，高校的审计人员本身应掌握扎实的理论基础，并熟悉现代的技术手段。高校应增加审计人员在计算机技术方面的培训，以便于他们能够在信息化时代快速适应审计行业的发展要求，更加完美地完成审计工作。高校应该坚持引进复合型人才的方针，加强本校队伍建设，不断提高审计水平，便于更好地处理数据内容。

### 三、实现审计办公自动化

随着计算机广泛应用，自动化办公也在飞速发展，计算机逐渐成了审计项目中不可缺少的设备，很多管理工作都可以用它来实现，熟练地运用计算机和网络，不仅会大大提高项目管理的工作效率，而且会提升项目的质量。从审计工作的发展趋势来看，未来计算机一定是内部审计和管理的必要设施。项目管理包括：审计报告、审计计划、审计档案、工作底稿①、审计法规等，通过计算机可以对以上内容进行合理的规划。通过计算机，不同的管理项目可以自由组合、自主分类，处理各种数据，同时其可方便审计人员随用随调和打印。对精通手工会计系统和电算化会计信息系统的审计人员来说，其可以作为一种辅助审计手段，帮助节省大量时间并提高项目质量。

审计办公的自动化应用于审计项目管理中主要包括：审计计划编制与管理；审计工作底稿编制与管理；审计报告等其他审核报告编制与管理；管理审计档案；编制与管理建议书；建立审计信息库等。审计人员可以通过信息库调阅审计资料制定合理的方案，更好地完成审计。审计资料库含有大量审计管理方面的历史文献，还存有历年的审计报告和底稿，等等，审计人员可以随时检索、查询和调阅。

### 四、做好高校内部审计的信息共享

高校内部审计需要改变原有的审计模式，提高信息化技术的使用率，

---

① 工作底稿（working paper）亦称"工作底表"，是指当整理估息编写正式报告和财务报表时，会计人员和管理人员编制的分析和非正式报告。工作底稿有各种用途，它的格式和内容视用途而异。

创造新型的工作模式，尽全力收集所有跟高校有关的财务信息。使用信息化技术不但能随时查询高校内部的所有数据信息，而且能使高校的资源得到更为合理的分配以及最大限度地使用。高校的领导层和管理人员应认识到内部审计信息化建设对于提高内部审计监督能力和加强学校管理具有重大意义。高校内部审计必须提高大数据技术和计算机技术的使用率，并在高校内部构建专门的审计信息化系统，信息化系统对审计工作有更为显著的帮助和作用。为保证审计信息化系统在任何情况下都能完好地运行，则系统必须配备专门的人员负责维护和管理，进而确保高校内部所有数据资料和财务信息的保密性和安全性。

高校的内审部门必须主动地、踊跃地与审计有关单位进行学习、沟通和交流，对相应的审计工作进行分析和讨论，主要是关于建立信息共享平台以及信息化建设两方面。对于信息化建设效果卓越的审计单位，我们需要对他们的经验进行借鉴和参考，便于改善和调整我们的信息化建设。高校的审计部门想要与所有部门实现信息共享，就必须将高校内所有与审计相关的数据输入信息共享平台，促使校内其他部门与审计部门之间形成一定程度上的链接，利于审计人员快速获取相关信息的效率和能力[1]大大提升。

## 五、创新高校内部审计系统框架功能

高校在建设审计信息化平台的过程中最为关键的一点是改进信息化系统的框架功能，因为系统的框架必须与高校的实际情况相匹配，所以它具有特异性。当前多数高校搭建的审计平台使用的都是通用系统，肯定无法满足实际的需求，因此高校必须参考本身的实际情况对审计软件进行一一对应的定制。审计信息化平台通常包括审计资源管理系统和审计业务管理系统两个系统，而且设计信息化系统必须遵守相应原则，如安全保密、信息共享、兼容性强、操作简单等。审计业务管理系统可根据实际情况相应增加一些功能模块，如专项业务审计、工程审计以及采购审计等，甚至可以参考审计人员的个人习惯增添预警功能模块，一旦

---

① 周颖.高校内部审计信息化建设面临的问题及对策研究[J].现代商贸工业，2020（23）：117-118.

业务资金有异常变动直接在界面上提示，起到预警作用。信息化系统能精确记录高校所有部门的资金和业务往来，对于开展审计工作有极为关键的现实意义。审计资源管理系统主要包括信息管理模块等，如法律法规、人员信息、供应商信息以及档案信息，而在每个模块中包含同样的功能，即维护、查询、新增三个功能。审计资源管理系统和业务管理系统相配合能将所有数据信息进行有效且快速的整合，对开展审计工作有极大的帮助。

## 六、完善高校内部审计人才队伍

当前社会，高校对审计人才的要求是更加专业化和有更高的素质，而且审计人员必须具备信息化的技术能力和知识，同时也要有极强的审计意识，因此高校需要加紧培养现有的内部审计人员，确保他们能够适应新型的信息化的工作模式。高校内部的审计人员需要改变原有的审计方法和审计观念，更多地适应信息化技术开展审计工作，同时在掌握足够工程知识和财务知识的前提下，提升自己处理数据的能力以及应用计算机技术的水平。可以请相关的专家对审计人员进行计算机技术和财务管理等方面的培训。审计人员也需要突破传统审计思维方式的限制，进行审计工作时可以从大数据和信息化的方向考虑，提升工作效率和技术能力，确保高校的领导获得最精确的审计信息，保证信息技术在审计工作中发挥最大的功效。①

---

① 王亚坤.大数据时代下高校内部审计信息建设研究[J].农村经济与科技，2020
（8）：397-398.

参考文献

[1] 蒋荣法. 高校内部审计的创新与实践研究 [M]. 长春：吉林出版集团股份有限公司，2020.

[2] 郭志伟. 高校财务管理与内部审计相关问题研究 [M]. 北京：中国商业出版社，2020.

[3] 复旦大学审计处. 审计结果性文书选例读本 [M]. 上海：复旦大学出版社，2019.

[4] 欧兵. 内部审计与高校治理 [M]. 成都：西南财经大学出版社，2020.

[5] 王超，钟玉泉，朱波强. 高校内部审计理论与实践创新研究 [M]. 长春：吉林大学出版社，2018.

[6] 复旦大学审计处. 经济责任审计知识读本 [M]. 上海：复旦大学出版社，2018.

[7] 李莉. 高校内部审计思考理论与实践研究 [M]. 长春：吉林大学出版社，2017.

[8] 乔春华. 高校管理审计研究 [M]. 南京：东南大学出版社，2016.

[9] 金蓓莉. 高校内部审计部门绩效评价指标体系构建 [M]. 上海：华东师范大学出版社，2015.

[10] 李友文. 内部审计：高校肌体的"免疫系统" [M]. 北京：中国社会科学出版社，2014.

[11] 吴晋生. 高校内部审计理论与实践 [M]. 武汉：武汉大学出版社，2011.

[12] 彭嘉琪. 关于高校内部审计工作的思考 [J]. 科教导刊（电子版），2021（3）：95–96.

[13] 孔稳. 新时代高校内部审计质量控制研究 [J]. 经济研究导刊，2021（34）：97–99.

[14] 吴宁郑. 信息化时代高校内部审计工作创新探讨 [J]. 经营者，2021，35（15）：255–256.

[15] 曹谨亮. 信息化背景下高校内部审计的创新与变革 [J]. 现代经济信息，2021（2）：119–133，20.

[16] 郭莉 . 高校内部审计发展路径探究 [J]. 甘肃广播电视大学学报，2021，31（6）：68-73.

[17] 冯琴 . 高校内部审计宣传工作初探 [J]. 理财（审计版），2021（11）：24-26.

[18] 王鹏 . 新形势下高校预决算审计优化途径研究 [J]. 财讯，2021（17）：168.

[19] 付彦芳 . 高等学校预算与决算审计相关问题思考 [J]. 长春工程学院学报（社会科学版），2021，22（2）：33-36.

[20] 马欣 . 关于加强高校基建修缮工程结算审计的对策研究 [J]. 哈尔滨职业技术学院学报，2020（2）：109-111.

[21] 孙嘉蔚 . 高校领导干部经济责任审计探究 [J]. 现代审计与会计，2021（12）：30-31.

[22] 李秀英，郭庆毅 . 高校领导干部经济责任审计的风险管理 [J]. 财讯，2021（11）：158-159.

[23] 邓建柠 . 高校领导干部经济责任审计实践工作探索 [J]. 广西教育，2021（3）：7-9.

[24] 孙亚娟 . 高校领导干部经济责任审计风险及管理探索 [J]. 现代企业，2021（2）：164-165.

[25] 周苏策 . 高校领导干部经济责任审计重点与经验做法 [J]. 经营者，2021，35（15）：259-260.

[26] 孙爱军 . 浅谈高校领导干部经济责任审计与绩效审计的有机结合 [J]. 现代审计与会计，2021（8）：12-13.

[27] 唐美荣 . 受托责任观视角下新时代提升高校领导干部经济责任审计报告质量的思路与方法 [J]. 经济师，2021（2）：98，100.

[28] 刘刚，杨杰，朱晓佳 . 内控视角的高校中层领导干部经济责任审计研究 [J]. 财讯，2021（31）：165-166.

[29] 周志立 . 高校院系领导干部经济责任审计内容和方法探析 [J]. 审计观察，2021（5）：44-48.

[30] 陈岩 . 高校专项资金管理研究 [J]. 商业文化，2021（3）：68-69.

[31] 杨歁 . 关于加强高校专项资金管理的思考 [J]. 中国市场，2021（28）：97-98.

[32] 杨洋 . 高校专项资金绩效评价与精细化管理研究 [J]. 会计师，2021（8）：109-110.

[33] 李梦苏，许姝佳，张盈 . 高校专项资金绩效审计浅析 [J]. 首席财务官，2021（22）：189–190，192.

[34] 李胜 . 高校内部审计信息化建设探讨 [J]. 首席财务官，2021（12）：184–185.

[35] 王阳 . 高校内部审计信息化建设的路径探索 [J]. 财会学习，2021（25）：128–129.

[36] 刘煜，吴小玲 . 基于内部控制的高校内部审计信息化建设分析 [J]. 消费电子，2021（2）.

[37] 易灿 . 新时代高校内部审计信息化建设的策略探讨 [J]. 商业观察，2021（20）：82–84.

[38] 王适达 . 高校行政部门内部审计信息化建设的思考研究 [J]. 现代营销（经营版），2021（12）：41–43.

[39] 闫黎明 . 高校专项资金绩效管理研究 [J]. 行政事业资产与财务，2021(6)：37–38.

[40] 王阳 . 高校专项资金审计全覆盖研究 [J]. 投资与合作，2021（10）：5–6.

[41] 索宁，江玉娜 . 内部审计在高校基建修缮工程审计监督与管理中的应用 [J]. 商业文化，2020（23）：76–77.

[42] 周旋 . 浅谈高校零星维修项目审计工作重点 [J]. 经济与社会发展研究，2020（28）：40.

# 后 记

时光飞逝，转眼间，本书的编写已经接近尾声，内心有万分不舍，因为在撰写的过程中，是灵魂与作品的对话，也是对高校内部审计的思考。

高校内部审计是高校内部管理体系的重要组成部分，是高校一个很重要的职能部门。加强高校内部审计工作，是当前高校教育事业健康发展的重要保障。高校内部审计质量的提高，对高校深入开展反腐败工作、推进高校党风廉政建设、构建和谐校园和保证高校持续健康发展具有重要意义。

基于此，本书对高校内部审计理论与创新实践研究进行了详尽的探索，包括高校预算执行和决算审计、高校绩效审计、高校基建和修缮工程项目审计、高校领导干部经济责任审计、专项资金审计等方面。在撰写的过程中虽然经历了一系列的困难，但汗水可以换来全新的成果，这是值得的。

本书撰写过程中借鉴了很多前人的资料，在此深表敬意，同时对于给予支持的领导、家人等致以诚挚的感谢。由于时间紧迫，经验不足，书中可能会存在大量不足之处，恳请广大读者和专家批评和指正，使本书越来越好。